La démocratie dictatoriale de Kadayed

Les impliqués Éditeur

Structure éditoriale récente fondée par L'Harmattan, Les Impliqués Éditeur a pour ambition de proposer au public des ouvrages de tous horizons, essentiellement dans les domaines des sciences humaines et de la création littéraire.

Déjà parus

Calosci (Claire et Alain), *L'homme ne vit pas seulement de pain mais de toute Parole qui sort de la bouche de Dieu*, 2022.

Versini (Charles), *Ascension*, 2022.

Castex-Ey (Joan-Francesc), *La rupture*, 2022.

Purguette (Edmond), *Drôles de bestioles*, 2022.

Honoré (Maryse), *Une vraie saint nitouche !*, 2022.

Muyumba Furaha Nkanga (Francine), *Assurer l'émergence de l'Afrique par sa jeunesse*, 2022.

Carilus (Muselène), *Confession*, 2022.

Gérard (Laurent), *Pole dance au château*, 2022.

Rwiyegura (Alois), *Pas de requiem pour Ubuntu. L'Afrique du Sud face aux démons de son passé*, 2022.

Lawson-Hellu (Laté), *Des haïkus pour une déesse. Paroles du quotidien et du divin*, 2022.

Ces dix derniers titres de ce secteur sont classés par ordre chronologique en commençant par le plus récent.
La liste complète des parutions, avec une courte présentation du contenu des ouvrages, peut être consultée sur le site :
www.lesimpliques.fr

Pap Koudjo

LA DEMOCRATIE DICTATORIALE DE KADAYED

essai

Préface d'Aboudou Touré Cheaka

Illustrations : © Pipo Magazine

5-7, rue de l'École-Polytechnique ; 75005 Paris

www.lesimpliques.fr

ISBN : 978-2-38417-806-3

EAN : 9782384178063

Préface

Voici un essai qui de par son style et sa forme nous rappelle l'épopée des nouveaux philosophes inspirée par la révolution intellectuelle de mai 1968 en France. L'auteur nous engage dans une nouvelle forme d'écriture de scrutation et de narration de la dynamique sociopolitique des États en construction tels qu'observés en Afrique.

D'emblée, on est frappé par l'oxymore dont il fait usage pour ce qui concerne le titre. Si on n'en sourit pas, on est quand même interpellé par son côté provocateur, à la limite satirique. En tout cas, pour ceux qui connaissent Pap Koudjo avec ses écrits caricaturaux qui ont écumé il y a plus de 10 ans maintenant le journal satirique Pipo Magazine[1] au Togo, dont il en est d'ailleurs le fondateur, on pourrait juste couper court en lui collant une étiquette. Mais en réalité, et en tant qu'observateur engagé de la société civile, sa démarche procède de la synthèse de la posture contestataire et du réalisme de l'action politique qui commande des fois des compromis dynamiques.

Quoique le titre puisse faire sourire, l'ouvrage en lui-même fait réfléchir et interpelle tout le monde, les Africains en premier, sur les notions de gouvernance dite démocratique et dictatoriale, à l'aune du développement et du bien-être des populations. Au demeurant, que nous enseignent plus de soixante ans de gouvernance dans les États en construction, en Afrique et ailleurs, sinon qu'il n'existe aucun système politique pur opposable à un autre. Que de pratiques dites démocratiques ont généré et continuent d'entretenir durablement des potentats qui n'ont rien à envier aux monarchies, lesquelles perdurent

---

[1]**Pipo Magazine** : Célèbre Magazine satirique fondé en 2012 au Togo

en se servant de subterfuges électoraux dits crédibles et transparents.

Comme un virtuose des Arts, il a su peindre et dépeindre son personnage principal, pour en faire une sorte de robin des bois contemporain, qui use de son pouvoir présidentiel pour apporter bien-être et développement à ses administrés. Faisant usage de la "politique-fiction", la démarche de l'auteur fait autant rêver qu'espérer comme le dirait Pierre Curie : « fais de ta vie un rêve et de ton rêve une réalité ».

C'est justement cet appel que cet ouvrage intitulé "La Démocratie Dictatoriale de Kadayed", voudrait lancer aux décideurs et intellectuels africains de tous ordres. Il les appelle à rêver grand avec la ferme conviction qu'un jour l'autre, ils arriveront à développer leur pays, en ayant pour point focal ou fondement : l'Homme. À cet égard, Jean Paul Sartre renchérissait dans Cahiers pour une morale que : « les possibles se réalisent dans la probabilité. La liberté se meut dans la sphère du probable, entre la totale ignorance et la certitude ; et le probable vient au monde par l'homme ».

Avec plus d'une vingtaine de thématiques abordées, cet ouvrage aux allures fières d'un design artistique, propose des solutions ou des pistes de solutions aux différents problèmes liés à la gestion de la cité dans une société africaine imaginaire.

Loin de passer pour une panacée, la contribution de l'auteur engage les dirigeants et chercheurs africains à moins de dogmatisme sur la forme des modèles politiques à privilégier plutôt que sur le contenu et la finalité des actions engagées dans le cadre des programmes de développement qui place l'humain au centre des préoccupations.

Aboudou Touré Cheaka[1]

---

[1]**Aboudou Touré Cheaka** : Docteur en sociologie de développement, il est un ancien fonctionnaire de l'OIT. Il a été ministre des affaires étrangères du Togo pendant la transition de 1991. Représentant spécial du président de la Commission de la Communauté économique des états de l'Afrique de l'ouest au Mali de 2012 à 2019, il est actuellement consultant/conseil sénior en géopolitique régionale de l'Afrique de l'ouest.

Avant-propos

Du point de vue politique, la démocratie désigne "tout système dans lequel le peuple est souverain". C'est ce que l'ancien président des États-Unis Abraham Lincoln aurait qualifié pour la première fois de "gouvernement du peuple, par le peuple et pour le peuple".

Selon les régions du monde, il existe plusieurs principes directeurs qui servent de fondement au concept de démocratie. Dans les pays occidentaux, par exemple, ces principes vont de la protection des droits et libertés fondamentaux aux élections dites "justes et équitables", en passant par l'imputabilité et la transparence des représentants du gouvernement.

Ces règles dites démocratiques ont pris forme dans ces pays grâce à Périclès, considéré comme le père ou le fondateur de la démocratie dans la Grèce antique, plus précisément à Athènes la capitale. Le terme « démocratie » vient d'ailleurs du grec « demos », qui signifie « peuple », et « kratos », qui désigne le pouvoir : la démocratie est donc, littéralement, le « pouvoir du peuple ».

Le monde, vu sous le prisme d'un kaléidoscope, nous renseigne sur la pluralité de régimes ou formes de gouvernements, différents les uns des autres. En d'autres termes, la démocratie occidentale, d'inspiration athénienne, ne serait pas la chose la mieux partagée. Et pourtant, elle se fait une publicité, à tel point que ceux et celles qui ne partageraient pas ses concepts seraient étiquetés de dictateurs ou d'ennemis de la démocratie.

Des croisades sont même organisées par certaines puissances occidentales dites démocratiques, telles que les USA, la France, le Royaume Uni… pour aller "pacifier" des zones du globe où la conception démocratique occidentale est négligée au profit d'une autre forme de gouvernance. L'Irak, l'Afghanistan, la Syrie, la Libye, la Côte d'Ivoire, entre autres, en ont fait les frais.

Selon le dictionnaire Larousse, "la dictature se définit comme un régime arbitraire et coercitif, incompatible avec la liberté politique, le gouvernement constitutionnel et le principe de l'égalité devant la loi". De ce pas, pourrait-on en déduire que ces pays occidentaux qui vont en croisade contre des régimes dits "dictatoriaux" auraient agi de façon autoritaire, arbitraire et donc de façon dictatoriale pour faire tomber des… "dictateurs" ? D'autant que leurs actions n'auraient été revendiquées par aucune majorité, autant au sein de leur propre territoire que dans celui où elles interviennent ? N'est-ce pas là une des nombreuses contradictions liées à la démocratie occidentale ?

Qu'à cela ne tienne, ce ne serait pas la première ni la dernière fois que la démocratie serait décriée. On lui reprochait déjà à ses origines son silence, qui s'apparentait à un chèque en blanc, vis-à-vis de l'esclavage et/ou de l'exclusion des femmes de la sphère politique. Nonobstant toutes ses tares, aucun autre qualificatif n'a jamais été employé pour désigner ces pays qui ont en partage le système de gouvernance dit démocratique, d'inspiration athénienne en Europe ou en Amérique du Nord. Et comme par hasard, ces régions du monde, hormis leur contentieux avec l'esclavage, sont aussi devenues un terreau où prospèrent le racisme anti-noir et d'autres inégalités.

Par-delà ces problèmes d'ordre structurel, c'est dans le fonctionnement même de la démocratie qu'on pourrait trouver à redire.

Quand on dit que, "la souveraineté nationale appartient au peuple qui l'exerce par ses représentants et par la voie du référendum et qu'aucune section du peuple, ni aucun individu ne peuvent s'en attribuer l'exercice", comment comprendre qu'à l'issue d'un suffrage direct ou indirect dans les conditions prévues par la Constitution de certains pays, comment comprendre donc qu'on tienne peu compte du vote populaire par rapport à des voix obtenues de soi-disant "grands électeurs" comme c'est le cas aux USA ?

Dans d'autres pays, après l'expression d'un suffrage, il suffirait que le candidat en tête, même s'il recueille moins de 50 % des voix de la population, puisse être déclaré vainqueur d'une joute électorale. Et on vous dira que c'est la démocratie !!! Nombreux sont donc des États, à singer ce concept de démocratie pour en faire un folklore conceptuel, quitte à le galvauder. L'essentiel pour les partis au pouvoir est d'exécuter le cérémonial d'avant, pendant et d'après élections, tout en étant sûrs de conserver ledit pouvoir par tous les moyens ou de le passer à un dauphin bien choisi au préalable.

Pour ce qui nous concerne dans le cadre de cet ouvrage, la grande question est de savoir si la démocratie occidentale d'inspiration athénienne garantit-elle le développement socio-économique ?

Difficile de répondre par l'affirmative au regard des prouesses de certains pays asiatiques, en l'occurrence la Chine, dite non "démocratique" mais en passe d'être la première puissance mondiale (si elle ne l'est déjà), alors que la Grèce, berceau de la "démocratie" occidentale, est à des années-lumière du peloton de tête.

N'est-ce pas là, d'entrée de jeu, une preuve que la démocratie ne rime pas forcément avec le développement ?

Parlant de la Chine, et si, se basant sur son modèle de réussite, elle commençait par vouloir assujettir des régions entières du globe, à coups de kalachnikovs et de roquettes, aux fins d'y imposer son idéal politique et de développement socio-économique, quelles seraient les réactions des uns et des autres ?

Autant d'idéologies que de questions, autant de théories que de réponses sur les cinq continents où on remarque plusieurs types de gouvernance ci et là :

L'Ochlocratie : le gouvernement par la foule.

La Démocratie : le gouvernement par la majorité.

L'Oligarchie : le gouvernement par une minorité.

L'Autocratie : le gouvernement d'un seul individu

Des régimes parlementaires, semi-parlementaires, présidentiels ;

Des Monarchies...

Qu'importe le régime sous lequel les uns et les autres vivent, la question fondamentale est de savoir s'ils y arrivent à être bénéficiaires de : la vie, la santé, le pain quotidien ? Des besoins trinitaires empreints de divinité, qui sont l'épine dorsale de l'existence humaine. Tant qu'ils sont assurés, le reste pourrait s'obtenir d'une façon ou d'une autre.

En France par exemple, les sans-abri « meurent autant l'été que l'hiver, c'est la vie à la rue qui tue » selon le collectif « Les morts de la rue ». Le même scénario lugubre peut aussi se remarquer dans de grandes villes de pays développés. Aux États-Unis par exemple, hormis la situation précaire des SDF, la communauté Afro-descendante est souvent victime de violences policières, parfois meurtrières. En témoigne le décès tragique de Georges Floyd[1], tué par un policier de Minneapolis en mai 2020.

En avril 2020, des expatriés africains, Nigérians pour la plupart, ont été chassés par la police chinoise jusqu'à la périphérie de la ville de Canton, selon un reportage diffusé

---

[1]**Georges Floyd** : Africain-américain tué par un policier lors d'un contrôle à Minneapolis aux USA en 2020. Sa mort par asphyxie a été filmée en direct avec des images qui ont fait le tour des réseaux sociaux suscitant au passage une grande vague d'émotions et d'indignations de par le monde.

sur la télé francophone TV5 Monde. Ces Africains y ont affirmé avoir été expulsés de leur logement et suspectés de propager le Covid-19. S'en étaient suivis des actes de racisme à leur égard.

Nous sommes en 2019. Des Chefs d'États africains ont pris rendez-vous à Sotchi avec Vladimir Poutine, du 23 au 24 octobre, pour le compte du premier sommet Russie-Afrique. Occasion pour des médias francophones d'interroger certains expatriés Africains sur leurs conditions de vie et de travail en Russie. « Ce n'est pas facile de vivre ici. Nous sommes au XXIe siècle, mais jusqu'à maintenant, on nous injurie… J'ai même honte de prononcer ça : "Macaque, nègre, va-t'en en Afrique, ici c'est la Russie, on ne vous connaît pas", témoigne au micro de RFI un ressortissant congolais dont les propos ont été rapportés par France info…

Dans des pays occidentaux dits démocratiques, France ou USA, ou dans des pays dits communistes, Russie ou Chine, il arrive que des individus ne bénéficient pas des droits trinitaires fondamentaux, autant que dans certains pays dits dictatoriaux ou totalitaires. À l'aune de ce qui précède, ne pourrait-on pas se demander, et à juste titre, si le bien-être de l'individu dépend-il du régime de gouvernance auquel il est soumis, du genre démocratique, communiste, dictatorial ou tout autre ?

En nous basant sur des actions gouvernementales d'un chef d'État Africain, nous allons, au travers de cet ouvrage, réfléchir sur la problématique du régime de gouvernance politique adapté au développement des Africains. Un régime de gouvernance qui tienne compte des réalités endogènes et exogènes de chaque pays, tout en étant ouvert à ce qui serait profitable pour l'essor des populations dans leur majorité.

C'est fort de ce genre d'idéologie que le président Kadayed, synthèse de présidents africains, et dont l'histoire se déroule à l'ère contemporaine dans un pays également synthèse de pays africains, a pu faire bouger les choses à travers des mesures et actions concrètes. Des actions fortes que d'aucuns pourraient qualifier de dictatoriales ; et d'autres concertées, que certains qualifieraient de démocratiques. Au bout du compte, toutes ses actions n'ont qu'un objectif : le Bien-être de la majorité de ses administrés.

NAISSANCE D'UN LEADER

Naissance d'un leader

À Togati, petit pays d’Afrique situé au nord de l’équateur, à l’ouest des pyramides égyptiennes, un président y fait la pluie et le beau temps. Kadayed, il s’appelle. Il s’est autoproclamé démocrate, comme tant d’autres avant lui. Mais au fond, il sait qu’il ne l’est pas au sens puritain du terme. Est-il donc un “dictateur” ? Il ne le revendique point. Toutefois, il aime que les choses se fassent à sa façon, selon ses idéaux, ses idéologies.

À la faveur des réseaux sociaux, Kadayed n’hésite pas à étaler ses bagages intellectuels et philosophico-religieux. Son côté un peu narcissique lui fait souvent croire d’être le dépositaire de valeurs, les meilleures.

Quand des choses lui paraissent anormales, Kadayed cherche à les corriger. Immanquablement, les contingences de la vie viennent parfois éprouver ses limites humaines, le rappeler à l’ordre et l’amener à adopter l’attitude du faire avec ou du vivre avec.

C’est par un coup du sort que Kadayed est devenu président de ce lopin de terre dénommé Togati, dirigé à l’époque par un despote octogénaire appelé affectueusement Vieux Etigna.

En effet, ce dernier a tenté une énième fois un coup de force, après des élections présidentielles qu’il avait manifestement perdues. D’ailleurs, on pourrait être en droit de se demander s’il avait jamais, ne serait-ce qu’une fois, gagné des élections en plus de 50 ans de règne à la tête du Togati ? Vieux Etigna tentait donc de se maintenir au pouvoir, poussé par certains de ses sbires qui ne voyaient en son fauteuil présidentiel qu’un fonds de commerce à conserver coûte que coûte.

Ils ont donc fait appel à l'armée togatienne qui n'a pas hésité à mater une partie de la population protestataire dans pratiquement toutes les principales villes du pays. Il y a eu des morts, des blessés et des déplacés. La répression a été farouche.

C'est dans ce climat délétère que le vieux Etigna s'est permis de voyager dans un pays asiatique, pour soi-disant participer à un sommet sur les économies émergentes. Vingt-quatre heures après son départ, un mouvement d'humeurs a secoué certaines casernes du Togati. Des jeunes officiers et soldats de rang n'auraient pas apprécié la façon dont la répression des manifestations anti-Etigna avait été conduite. Parmi eux, il y avait un jeune capitaine du nom de Dafik.

Il a procédé à l'arrestation de certains généraux et officiers réfractaires. Puis, après avoir "pacifié" les zones stratégiques, dont l'aéroport, la télé et radio Togatiennes, les frontières terrestres, aériennes et navales, soit 72 heures après son coup de force, il est apparu sur les médias d'État.

Les condamnations sous régionales et internationales n'y ont rien fait. D'ailleurs, à l'interne, son action a été appréciée par une majorité de la population qui n'a pas hésité à clamer son approbation dans les rues à coups de klaxons, clairons et de cris de joie.

Le capitaine Dafik a tenu à rassurer les uns et les autres quant à ses "nobles" intentions : « Je ne ferai pas plus de trois mois au pouvoir. Dans moins de 45 jours, je vais organiser un comité de salut pour conduire un processus de transition auquel l'armée sera associée, juste comme partenaire. Ce comité sera présidé par un civil, qui fera l'unanimité et dont le parcours ne serait entaché par aucune accointance politicienne… ».

Aussitôt dit, aussitôt fait. Après les 45 jours, le capitaine Dafik a organisé le comité de salut à la tête duquel M. Kasar avait été désigné. Il avait pour adjoint, un certain M. Kadayed.

Haut fonctionnaire des Nations Unies, Kasar venait à peine d'avoir 50 ans mais sa santé n'était pas au beau fixe. Très vite, son état de santé s'était dégradé. On lui avait diagnostiqué une tumeur au cerveau. Son traitement a nécessité un transfèrement dans un hôpital occidental. Après une absence prolongée de son supérieur, Kadayed a donc été porté à la tête du Comité de salut. Et c'est donc lui qui, au bout de deux ans, va conduire le processus électoral d'après transition.

Tout comme M. Kasar, Kadayed était aussi un fonctionnaire des Nations Unies. Il avait bouclé 45 printemps quand l'armée Togatienne lui a fait appel pour intégrer le Comité de salut.

Ayant été imprégné des rouages du pouvoir, Kadayed a su se faire aimer par une partie de la population. Tant ses pratiques étaient aux antipodes de ce que faisait le clan du Vieux Etigna. Ainsi sa candidature a-t-elle été suscitée aussi bien par des civils que des militaires qui voyaient en lui un "ciment" pour une reconstruction et une réconciliation totales.

Au premier tour des élections, Kadayed était en tête. Il avait, pour principal challenger au second tour, Bipafi, un opposant tout aussi novice que lui. Les principaux politiques d'antan tant de l'opposition que du parti au pouvoir ayant été interdits de participer aux élections par l'armée, pour éviter des querelles électoralistes qui étaient légion dans le pays.

Au deuxième tour, kadayed a dû faire beaucoup de concessions et nouer des alliances stratégiques. Cela lui a été bénéfique et c'est à juste titre qu'il a battu son adversaire avec plus de 20 points d'avance.

Très vite, Kadayed s'est mis au travail avec des réformes à n'en pas finir. Comme il s'y était attendu, cela a dérangé, fait jaser et rouspéter des caciques des pratiques “rétrogrades”. En tout cas, il savait qu’il n’était pas à la tête de l’État du Togati pour une partie de plaisirs.

« Ma priorité est TOUT. Tout est à refaire et à améliorer », avait-il dit dans son tout premier discours.

Les actes n’ont pas tardé à suivre les mots.

ORGANISATION SOCIALE ET SOCIÉTALE

Organisation sociale et sociétale

Le développement de tout État ou nation repose autant sur son organisation sociale, sociétale qu'administrative. Pour ce qui concerne l'organisation de la société africaine, les chefs traditionnels jouent un rôle prépondérant.

La chefferie traditionnelle reste en effet un reliquat de certaines formes d'organisations sociopolitiques qui ont cours en Afrique précoloniale. Selon les dispositions en vigueur pendant et après la colonisation au Togati, le chef traditionnel, élu ou désigné suivant les règles coutumières, est traité comme un auxiliaire de l'administration territoriale dont la reconnaissance est indispensable pour confirmer sa légitimité. Le chef traditionnel devient malléable et manipulable à volonté par le pouvoir en place qui pourrait décider bon gré mal gré de son maintien ou de sa révocation. Il suffit que certains commis du Ministère de l'administration territoriale trouvent à redire sur sa loyauté ou son implication dans l'enracinement du parti au pouvoir. Dans ce cas, ce n'est plus le commandant de cercle qui fait appliquer la sanction, comme au temps des colonies, mais le préfet. Les prérogatives du chef traditionnel sont réduites à sa portion congrue de valet administratif plutôt qu'à celui d'autorité locale et d'acteur du développement.

À Togati, Kadayed a fait accélérer les choses. Dans l'organisation de la société togatienne, une place de choix a été accordée aux chefs et rois traditionnels. Leur intronisation ne relève plus de la compétence du Ministère de l'Administration territoriale comme c'était le cas avec le régime précédent ou au temps colonial. Les villageois ou les natifs de la localité en question s'en chargeaient, sous la supervision du conseil des sages et des anciens, jusqu'à ce qu'un consensus ne se dégage. L'État est représenté au niveau de la chefferie par un rapporteur qui sert de courroie de transmission entre l'administration et les chefs locaux. Celui-ci n'a pas droit de parole pendant les plénières. Son avis sur certains sujets reste facultatif. Il pourrait être consulté à titre individuel par le chef ou par un notable, sans que son avis soit interprété comme le point de vue de l'administration territoriale.

Avec cette nouvelle donne, le Togati n'a fait que renouer, à quelques exceptions près, avec l'organisation ancestrale de la plupart des sociétés africaines : tout ce qui relève du civil et du foncier est en partie du ressort des chefs traditionnels.

Cependant, à Togati, avec la réforme du foncier, la terre appartient désormais à l'État. N'empêche que les chefs traditionnels usent de leur autorité pour résoudre des conflits embryonnaires dont l'éclosion aurait été catastrophique pour l'équilibre sociétal.

Les chefs traditionnels ont gagné en respectabilité aussi bien de la part des autorités publiques étatiques que de la population. Révolue l'époque où les chefs traditionnels étaient traités comme des “mendiants” à la solde du politique. Même le président Kadayed négocie des mois à l'avance sa visite auprès d'une autorité morale d'un village ou d'une communauté. Et comme le veut la coutume dans certaines régions, il n'hésite pas à faire la révérence aux chefs avec les protocoles qui vont avec : se mettre pieds nus avant d'entrer dans le palais, se prosterner pour saluer le chef (ou le roi), s'asseoir sur un tapis (ou une natte) réservé.e aux hôtes… Une façon pour le président Kadayed d'être de respecter religieusement les pratiques ancestrales pour ce qui concerne la déférence due aux chefs et rois traditionnels, garants des us et coutumes.

LES RELIGIONS AU SERVICE DU DÉVELOPPEMENT

Les religions au service du développement

L'épanouissement socio-économique de la plupart des grandes puissances est aussi le fruit de la capacité de chaque citoyen ou leader à promouvoir un développement personnel basé généralement sur la foi.

C'est là que la religion intervient et joue un rôle primordial.

À Togati, l'assimilation culturelle du fait de la colonisation joue sur la dispersion religieuse des uns et des autres. Ce qui n'est pas sans incidence sur le développement socio-économique, culturel et politique du pays.

Quelques mois après sa prise de fonction en tant que président de la République du Togati, Kadayed a organisé des journées de réflexions sur le thème : "Religions et Développement".

Il a tout d'abord fait inviter les chefs traditionnels à qui il a demandé de répertorier des charlatans ou des spirituels ayant des vertus ou des pouvoirs ancestraux et reconnus comme tels. Même ceux qu'on a l'habitude de désigner sous le vocable "sorciers" ont été approchés avec déférence et solennité par les chefs traditionnels.

Après leur recensement, ces tradipraticiens ont été invités à prendre part à une assise dans la capitale pour participer aux travaux préliminaires des journées de réflexions. À l'ordre du jour, une seule question : "Comment contribuer au développement du Togati avec les religions ou pratiques ancestrales" ? Les milliers de praticiens des pouvoirs ancestraux ont eu chacun à donner leur point de vue par rapport aux actions à mener pour amorcer ou accompagner le développement du Togati.

Les religions monothéistes, christianisme et Islam, n'étaient pas du reste. Imams, prêtres et pasteurs de toutes les obédiences ont été consultés pour la rédaction des recommandations finales à l'issue des journées de réflexions.

Grosso modo, il a été question de replacer les pratiques endogènes dans le contexte du savoir et de la culture.

Le président Kadayed a par exemple demandé aux différents chefs, anciens comme nouveaux, et surtout aux praticiens des pouvoirs ancestraux de toujours privilégier le Bien dans tout ce qu'ils entreprennent. Il a été conforté dans ses idées par le fait d'avoir entrepris un projet pilote dans ce sens avec les habitants du village d'Isou, dans le nord-est du Togati.

À Isou, on a eu à demander expressément à tous les praticiens sollicités dans le cadre de leurs travaux de ne chercher à faire que du Bien autour d'eux, qu'importe le prix payé par un "client" qui souhaiterait par exemple influer négativement sur la vie de n'importe quelle personne dans le village ou en dehors. C'est ainsi que tous les habitants ayant été finalement au courant de la règle tacite ne privilégiant que le Bien d'autrui, ont commencé par changer de mentalité les uns envers les autres. La jalousie, l'envie, la convoitise ont fait place à l'affection, la compassion, la solidarité…

Fait marquant, des élèves brillants au primaire, collège et lycée du village d'Isou ont bénéficié de l'accompagnement spirituel de leurs charlatans. Ils ont été parmi les meilleurs du pays avec des moyennes extraordinaires.

Interrogé, un tradipraticien[1] n'a pas nié les faits. Il a même ajouté : "si c'était à refaire, je le referais".

---

[1]**Tradipraticien** : Praticien des connaissances ou sciences traditionnelles en Afrique.

Ces enfants sont l'avenir de notre village. Nous souffrons de beaucoup de maladies ici. J'espère que parmi eux, sortiraient des médecins qui reviendront bientôt nous soigner et sauver des vies. "Notre magie, elle n'est noire que de nom. Si nous voulons faire de bonnes choses, nous le pourrions et c'est ce que nous avons décidé de faire. Ce n'est que le début"

ORGANISATION DU SECTEUR PUBLIC

Organisation du secteur public

Le secteur public englobe tous les services administratifs contrôlés par l'État, par opposition au secteur privé qui relève du ressort des particuliers.

Pour le cas du Togati, il faudrait juste parler de réorganisation plutôt que d'organisation. La méthode Kadayed a révolutionné les choses. On est presque passé du tout au tout. Les secteurs d'activité n'étant pas les mêmes, il a fallu beaucoup de tact pour proposer des réformes au cas par cas.

Au service administratif et financier du Togati, par exemple, Kadayed a fait doubler le nombre des fonctionnaires. Une équipe prend fonction de 6 heures à 14 heures, et l'autre le relais de 14 heures à 22 heures Le salaire aussi a doublé. Des bonus sont accordés selon les mérites. Au bout de six mois, on a constaté une nette amélioration, du point de vue qualité du service.

Que ce soit du côté des corps habillés (policiers en l'occurrence) que des fonctionnaires financiers, il y a obligation de résultat, avec tolérance zéro s'agissant des cas de corruption ou tentatives de corruption.

Ceux qui ont été pris en flagrant délit ont payé de lourds tributs. Dans la plupart des cas, ils sont mutés à des postes subalternes, ou carrément radiés si les actes se sont avérés graves. La cour spéciale mise en place dans toutes les préfectures rend justice à charge et à décharge selon les preuves matérielles apportées par le procureur ou les plaignants.

Cette méthode ayant fait ses preuves, Kadayed l'a élargi aux secteurs de la santé et de l'Éducation. C'est ainsi que le personnel au niveau de ces deux secteurs d'activité a aussi doublé un an après sa prise de fonction.

Seulement, au niveau de l'Éducation, la rotation du personnel n'a été retenue que pour les études supérieures.

Dans le secteur de la santé, Kadayed n'a pas eu de difficultés à l'imposer. C'était plus qu'une nécessité. Et les résultats étaient au-delà de ses attentes. Puisque dans ce secteur, il y a trois équipes de médecins dans chaque centre de santé de Togati. 6-14 ; 14-22 ; 22-6. Ce qui a permis une bonne prise en charge des patients et la qualité des soins.

La réorganisation du travail a impacté positivement la productivité dans tous les secteurs d'activité aussi bien étatiques que privés. Moins de cinq ans après la prise du pouvoir de Kadayed, le PIB du Togati a plus que décuplé, passant de 1 500 dollars à 21 000 dollars par habitant. C'est ce que nombre d'économistes ont qualifié de miracle économique du XXIe siècle en évoquant les prouesses économiques du Togati sous la houlette de son président.

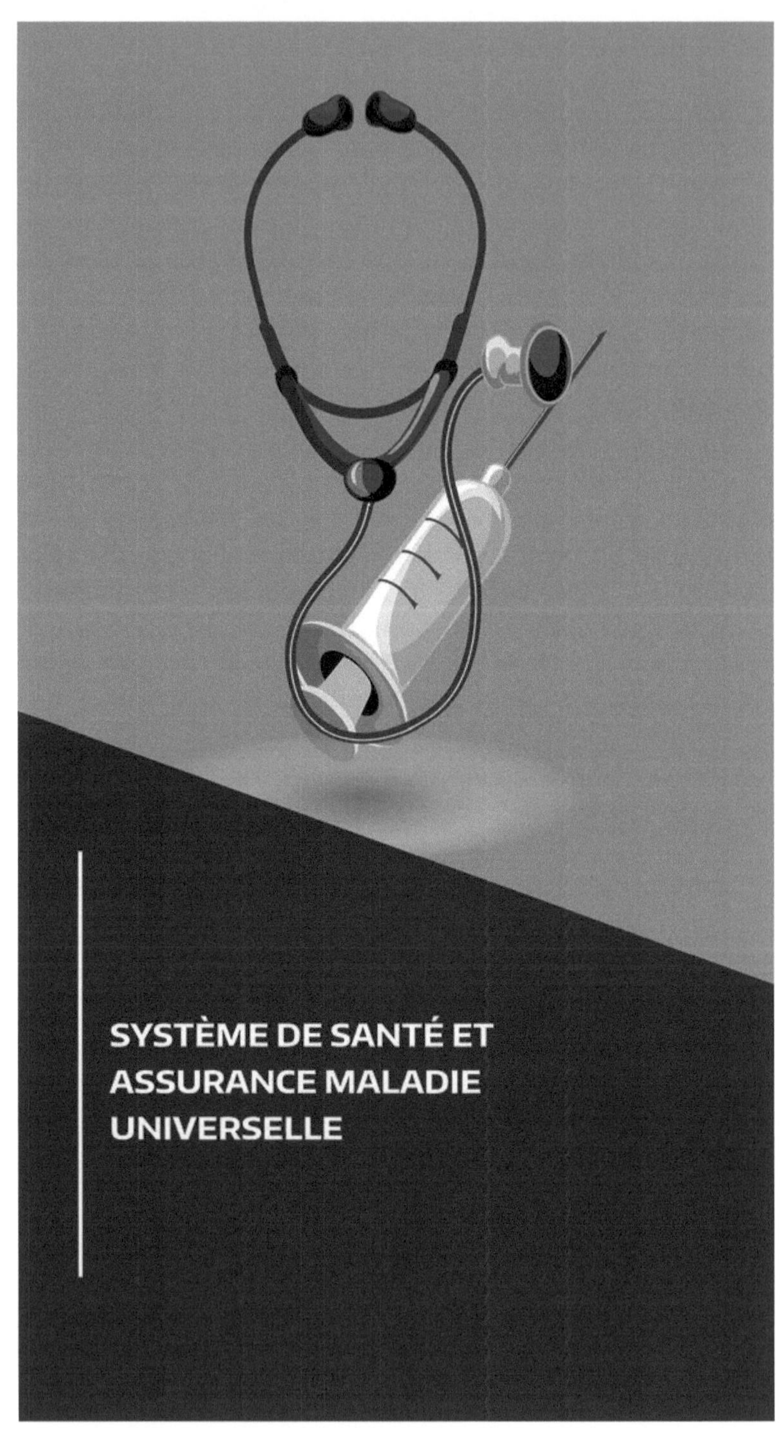

SYSTÈME DE SANTÉ ET ASSURANCE MALADIE UNIVERSELLE

Système de santé et assurance maladie universelle

Le système de santé à Togati est caractérisé par une couverture et un accès aux soins universels, avec un financement essentiellement public, qui couvre environ 85 % des dépenses.

Comparativement à ce qui se fait généralement en Afrique et dans certains pays occidentaux, où on s'aperçoit par endroits que les dépenses couvrent à peine 40 ou 50 % des soins de santé. Cela a été possible grâce à la décentralisation du système de santé pour l'organisation et la gestion des soins, aussi hospitaliers qu'ambulatoires. Système financé par des impôts régionaux ou locaux, qui a permis d'atteindre ce résultat encourageant. Malgré tout, l'accès aux soins et les charges afférentes au réseau médical demeurent des préoccupations non négligeables.

Deux ans après la prise du pouvoir du président Kadayed, la prise en charge des frais de santé en cas de maladie et de maternité est assurée aussi bien pour les corps habillés, des professionnels de toutes activités pénibles reconnues par les services publics compétents, des invalides et des enfants de moins de 20 ans.

Cinq après, six millions et demi de togatiens ont bénéficié d'une couverture universelle de santé. Cela a été possible grâce à la mise en place d'un système d'aide médicale gratuite lancé par certaines municipalités. À cela, s'ajoute un système d'assurance personnelle, dont les cotisations étaient payées par les assurés eux-mêmes en fonction de leur revenu ou de leur fonction.

À Togati, le système de santé est organisé au niveau national, régional et local. Il s'agit d'un système national de santé qui est public et financé par les impôts et coordonné par les autorités locales. Il fait l'objet d'une constante redistribution des responsabilités entre les différents niveaux de gouvernement national, régional et local. Les gouvernements locaux disposent d'une grande autonomie politique dans les prises de décisions et dans la gestion tous azimuts des problèmes de santé publique. Par contre, cela n'empêche pas le contrôle de l'État central pour ce qui concerne les budgets, les priorités, les conditions de vie et de travail du personnel de santé.

Le Ministère en charge de la santé et du bien-être de la population a organisé le système de santé de sorte que, dans chaque municipalité, on ait les soins primaires de santé, les soins spécialisés et les soins pointus spécifiques.

Autant que faire se peut, tous les malades sont pris en charge à des degrés divers par l'Assurance maladie universelle.

Les soins primaires de santé sont effectués dans des centres de santé ou hôpitaux généralistes municipaux. On en compte des centaines sur toute l'étendue du territoire Togatien. Tous sont équipés de matériels adéquats et leur personnel est constitué de médecins, infirmiers, sages-femmes, kinés et des travailleurs volontaires issus du service militaire.

Vingt-cinq hôpitaux assurent des soins spécialisés d'hospitalisation, ambulatoires, psychosomatiques et autres.

En ce qui concerne les soins pointus, Togati en dispose de 30 pour les soins intensifs, et de laboratoires très spécialisés répartis dans les cinq régions du pays, en plus des cinq autres disponibles dans la capitale Lomnatsi et ses banlieues.

Parallèlement, le service de santé public, des cabinets médicaux privés font également leurs prestations. Néanmoins, leurs frais de prise en charge ou de prestations sont fixés de commun accord avec la municipalité afin qu'ils soient à la portée du Togatien moyen. Une stratégie concertée mais empreinte d'une rigueur militarisée qui permet de tenir les cliniques et autres cabinets médicaux privés droits dans leur botte afin de leur éviter une surenchère des frais de prestations médicales.

SERVICE MILITAIRE OBLIGATOIRE

Le service militaire obligatoire à partir de 18 ans

Le Togati a pu développer une stratégie de service patriotique grâce au service militaire obligatoire imposé par Kadayed et son gouvernement.

D'une durée de deux ans, ce service obligatoire enrôle aussi bien des femmes que des hommes aptes, physiquement et mentalement, ayant bouclé 18 printemps. Au cours de la première année, ils sont initiés à l'ensemble des responsabilités militaires légales dignes des formations militaires classiques. La deuxième année leur sert de services civiques et patriotiques. Ce qui les conduit à servir dans des hôpitaux, des écoles, la construction de routes, des missions de sauvetage et autres activités vitales à caractère social et sociétal.

Dans une démarche structurante et structurée, de jeunes aspirants sont initiés aux services militaires de base et dans le même temps, les formations auxquelles ils sont soumis leur permettent d'acquérir de l'expérience en vue d'être compétitifs sur le marché de l'emploi. Plusieurs secteurs d'activité et métiers sont concernés : agriculture, santé, BTP, agroalimentaire, métallurgie, mécanique auto & moto…

Au cours de leur service, les femmes sont logées à la même enseigne que les hommes, d'autant qu'elles sont soumises aux mêmes exercices et activités. Par contre, elles ont un cadre de vie en dehors de celui des hommes. Quant à leur encadrement, il est assuré par aussi bien des femmes que des hommes aguerris et formés pour la circonstance.

Le service militaire ne garantit pas tant que ça un reversement direct dans l'armée. Il en est néanmoins un bon tremplin, en tout cas pour ceux qui ont été performants dans la plupart des exercices sociomilitaires auxquels ils ont été soumis, et ont souhaité y faire carrière.

Tous ceux qui ont fait leur service militaire mais qui n'ont pas souhaité faire carrière dans l'armée sont considérés comme des "réservistes". Ils peuvent être rappelés sous le drapeau à tout moment que le besoin se fera sentir, pour venir en appoint à l'armée régulière en cas de guerre ou pour renforcer le contingent de secouristes en cas de catastrophes naturelles.

On se rappelle encore le rôle central qu'ont joué certains réservistes appelés à la rescousse pour évacuer et reloger des sinistrés après de fortes pluies diluviennes qui ont secoué Lomnatsi en août de l'an contemporain. Ils ont été exceptionnels en termes de courage, de bravoure et de professionnalisme. Ils étaient ordonnés, dynamiques et très serviables. Pendant qu'une équipe de camionneurs ramenaient du sable sur les côtés secs du quartier Modova, une autre remplissait des sacs qui servaient de passerelles pour atteindre les habitations inondées. Il y en avait qui n'hésitaient pas à sauter dans l'eau boueuse pour secourir des personnes indigentes ou vulnérables en difficulté.

À la fin des opérations, nombreux sont les Togatiens à reconnaître la force participative, efficace et indispensable des réservistes. Occasion pour eux de faire très vite un parallèle avec le service militaire et d'en apprécier à sa juste valeur les bienfaits. Et pourtant, ce n'était pas gagné d'avance.

Certains parents trouvaient des prétextes pour exempter leurs enfants du service militaire. Ils ne digéraient par le fait qu'à l'âge de 18 ans, ces derniers "perdent" deux années de leur vie dans des "futilités", comme ils aimaient à le dire. Ainsi se débrouillaient-ils à trouver d'esquives pour les exempter de cet exercice.

S'ils n'étaient pas déclarés inaptes pour cause de maladie, ils étaient parfois envoyés à l'étranger à l'approche de leur 18e anniversaire. En tout cas, ils cherchaient et trouvaient des voies et moyens pour en soustraire leurs enfants et proches parents. Cependant, c'est au vu des résultats ou des retombées positives du service militaire qu'ils ont très vite déchanté et commencé par changer de comportements, devenant même ses adeptes et défenseurs.

Le service militaire est devenu la base ou la fondation même de la transition juvénile de l'adolescence à l'âge adulte. Tant les jeunes y sont transfigurés et leur univers d'actions est loin de celui des formations académiques classiques. Chacun y développe des aptitudes intrinsèques à ses qualités et vertus humaines en rapport avec des situations différentes les unes des autres.

Nombreux sont-ils à reprendre leurs études scolaires ou universitaires, leurs formations professionnelles ou leur emploi à l'issue du service militaire. Comparativement à une frange de la jeunesse togatienne d'avant la venue de Kadayed au pouvoir, la plupart de ces jeunes qui ont fait le service militaire ont développé des valeurs telles que la discipline, le patriotisme, l'assiduité au travail, la recherche permanente et constante de la perfection dans tout ce qu'ils entreprennent… Autant de qualités qui se font ressentir dans différents secteurs d'activité dans lesquels ils excellent à l'âge adulte, surtout dans l'armée.

L'ARMÉE

L'armée

L'armée englobe tout ce que le Togati a comme corps habillés. Par dérision, certains les surnomment « corps à billets », puisqu'ils seraient friands de billets de banque et donc, à tort ou à raison corrompus ou facilement corruptibles à coups d'espèces sonnantes et trébuchantes.

En toute confiance, Kadayed fait appel aux officiers et haut gradés des services militaires et paramilitaires (police et gendarmerie). Il leur annonce son désir de "faire avancer" le pays. D'aucuns qualifieraient son système de gouvernance de "dictature éclairée" mais lui le qualifie de "système sans désordre". Raison pour laquelle il a eu recours aux corps habillés aguerris, prêts à rendre service partout et en toutes circonstances.

Au cours de la réunion, Kadayed leur précise que leur mission de maintien d'ordre et de sécurité ira au-delà de leurs prérogatives. Ils seront appelés services de génies. « Il y a du génie en toute personne qui est appelée pour servir sous le drapeau national », explique-t-il. Ainsi seraient-ils représentés dans tous les secteurs d'activité.

Aujourd'hui, des BTP à la Médecine, en passant par l'Éducation et les Nouvelles technologies, les corps habillés s'y comptent par milliers. Leur salaire est fixé au double de ce qu'ils gagnaient auparavant. Du soldat de rang jusqu'au Général de division, ils sont tous concernés par cette mesure. Et au vu des prouesses de chacun, des bonus conséquents avoisinant la moitié de leur salaire leur sont versés, avec échelonnements arrimés à leur salaire de base.

Leurs tenues, en tout quatre par an, de même que des matériels et matériaux indispensables à leurs activités leur sont mises à disposition gratuitement, sans même qu'ils en fassent la demande. Des logements décents et des moyens de transport adéquats sont à leur portée dans toutes les régions et sans exception.

La plupart d'entre eux sont impliqués dans des travaux de construction de logements, de réhabilitations d'infrastructures routières et ferroviaires. Soit dit en passant, le nombre des fonctionnaires et des corps habillés a été multiplié par trois.

Dans les coins les plus reculés du Togati, on a autant de corps habillés que de fonctionnaires des autres secteurs indispensables au développement, notamment la santé, l'éducation, l'eau et l'énergie.

L'armée togatienne compte plusieurs divisions ou unités dont l'armée de terre, de l'air, la marine et la police. Ici, la police désigne aussi bien les policiers que les gendarmes regroupés désormais sous la dénomination unitaire de "Police", contrairement à la bipolarisation qui existait. Elle a été l'un des nombreux systèmes de fonctionnement administratifs hérités de la colonisation française.

En France par exemple, la gendarmerie fait partie intégrante de l'armée alors que les policiers sont considérés comme des fonctionnaires assermentés de l'État, quand bien même ils deviennent opérationnels à l'issue d'une formation à la fois théorique que pratique. C'était quasiment le cas à Togati jusqu'à leur réunification récente sous l'égide de Kadayed.

La fusion entre police et gendarmerie a permis de quadrupler l'effectif des forces de l'ordre affectées à la Police. Non seulement elle fait respecter les lois de la cité, elle assure aussi la sécurité des personnes et des biens ; recherche et interpelle les auteurs d'infractions. Ainsi distingue-t-on la police républicaine de la police municipale. Les deux corps constituent la police nationale. La police républicaine s'occupe de la sécurité générale, des investigations, du renseignement, de l'ordre public, la sécurisation aux frontières, la coopération internationale avec Interpol… La police municipale est pour la plupart du temps une unité de proximité dans les collectivités locales. Ayant pratiquement les mêmes prérogatives que la police républicaine, elle a également pour mission la prévention et la surveillance du bon ordre dans la cité, de la tranquillité, de la sécurité et de la salubrité publique. Ainsi arbore-t-elle la casquette de “police verte” s'agissant de la protection de l'environnement.

Dans la plupart des collectivités, les mardis et samedis sont réservés au ramassage d'ordures de tous ordres sous l'œil bienveillant des policiers municipaux. Dans tous les coins et recoins où ils interviennent, ils n'hésitent pas à sensibiliser les populations sur les tenants et les aboutissants de la salubrité publique. Au pire des cas, ils verbalisent et rappellent à l'ordre certains contrevenants. Leurs actions sont aussi remarquées dans les parcs, les centres commerciaux, les hôpitaux, les coins de rue, les plages et autres endroits stratégiques des communautés locales de leur zone de compétence. Néanmoins, il arrive que des policiers municipaux d'une commune X aillent exercer dans une commune Y, pour les besoins d'une enquête particulière, en bonne intelligence avec les policiers de la zone concernée. Une complicité observée également entre policiers républicains et municipaux sur certaines affaires d'ordre pénal ou qui concernent la sécurité nationale.

CONSTRUCTION ET AMÉNAGEMENT DU TERRITOIRE

Construction Et Aménagement du Territoire

Dans le cadre de la construction des infrastructures, il y a eu la mise en place d'une unité spéciale dans chaque district subdivisé en zone de 2 km² à la ronde. Ce qui permet de mobiliser des forces vives au moment opportun. Ainsi, la plupart des jeunes des districts concernés par les travaux sont obligatoirement embauchés sur place. Aussi, les camions-citernes, de ramassage de sable, de gravier et les revendeurs de ciments sont tenus de verser une partie de leurs taxes municipales en nature dans une zone en chantier. C'est-à-dire qu'en lieu et place du payement d'impôts, ils sont tenus d'apporter, soit du sable, du gravier ou du ciment pour des travaux publics.

Parallèlement, Kadayed a fait mobiliser des jeunes dans chaque zone pour ce qui concerne la réalisation de travaux d'intérêts publics. De ce fait, il a pu réduire le chômage endémique de plus de 90 %.

Les travaux sont réalisés en fonction des besoins ou des urgences de l'heure. Dans la capitale Lomnatsi par exemple, des zones difficiles d'accès ont été pavées, le ciment, l'eau, le sable et la main-d'œuvre étant disponibles. Ce qui a même permis de construire des caniveaux à taille humaine et de grandes retenues d'eaux de ruissellement pour juguler ou prévenir des situations d'inondations.

Au bout de neuf mois, après le début des travaux de construction et de réhabilitation de routes, toutes les voies étaient interconnectées. Autant les nouvelles que les anciennes. Petit à petit, toutes les voies ont été soit asphaltées, soit pavées, avec des caniveaux reliant des retenues d'eau.

S'agissant des constructions d'immeubles d'habitation, des mesures idoines ont été prises, à commencer la nationalisation ou l'étatisation du foncier. En d'autres termes, tous les terrains ont été déclarés « propriétés » de l'État. Ainsi, tous les litiges liés aux fonciers ont été gérés au cas par cas.

Dans des situations où plusieurs acquéreurs se présentaient avec différents documents liés à la même propriété, le plus convaincant acquérait la propriété sous la supervision des juges et des agents du cadastre formés à cet effet. Cependant, dans le cas où il était difficile de départager les protagonistes, une commission ad hoc mise sur pied par l'État et composée de juges, des agents du cadastre et du Ministère de l'Urbanisme, procèdent à un partage rationnel. Un immeuble à deux niveaux est construit pour abriter deux familles différentes impliquées dans une affaire de litiges liés au foncier. Les familles en litige sont logées séparément dans des immeubles construits à cet effet dans différents districts ou quartiers.

Étant donné que le sol appartient à l'État, toutes les familles bénéficient d'un moratoire de payement sur le loyer pendant quinze ans. Par contre, un forfait sur l'eau, l'électricité et le gaz leur est octroyé. Il en va de même pour des personnes disposant de terrains mais dont les moyens sont limités pour la construction d'un logement aux normes définies par le Ministère en charge de l'urbanisme et le Département d'État en charge des constructions.

En effet, la construction de tout immeuble requiert non seulement l'autorisation des organismes précités mais doit tenir compte aussi du plan pré requis. Cela dit, tout immeuble ou site de construction qui ne respecte pas les mesures prises par les organismes compétents est purement et simplement fermé à tous travaux ou démoli.

Chaque quartier, ou chaque zone délimitée sur 500m², a un type de plan de construction sur lequel des architectes, des géographes, des sociologues, des artistes, des géologues, des designers et d'autres personnes-ressources ont eu à élaborer pour le bien-être et le confort de leurs concitoyens.

Comme effleuré plus haut, tout acquéreur ne disposant pas de moyens pour la construction d'immeubles aux normes, est secondé par l'État ou une entreprise qui a les moyens, sous la supervision des services étatiques. Pour autant, les propriétaires ne sont pas laissés sur le carreau. Ils bénéficient d'une partie de l'immeuble ou d'un pourcentage prédéfini sur la location des appartements.

La construction de parcs, de centres de loisirs ou des jardins publics sont visibles dans chaque zone habitée de 500 m².

Dans l'aménagement du territoire, l'assainissement a une place prépondérante. De ce fait, d'énormes fosses septiques sont construites dans les districts ou quartiers afin d'assurer l'évacuation des eaux usées des sanitaires, lavabos et autres. Toutes les habitations qui n'ont pas de fosses septiques personnelles ont été obligées de raccorder leurs tuyauteries aux canalisations des fosses septiques municipales.

Grâce à cette mesure, finis donc la stagnation des eaux usées ou de ruissellement et les déversements d'eaux de toilettes sur les voies publiques. Les quartiers sont devenus plus propres et l'air y est des plus respirables.

L'ASSAINISSEMENT :
LE MIROIR DU TOGATI

Assainissement : miroir du togati

Selon plusieurs organisations non gouvernementales spécialisées sur les questions environnementales, les déchets, solides ou liquides, d'origine humaine et animale, sont souvent les principales causes de maladies endémiques ou épidémiques en Afrique. Le Togati a souvent été le fief de certaines maladies microbiennes ou parasitaires dont le paludisme, le choléra (encore appelé la maladie des mains sales), la typhoïde, la tuberculose, les diarrhées, etc. Ces maladies ont pour sources d'approvisionnement les eaux pluviales mal drainées qui deviennent stagnantes par endroits, les poubelles anarchiques qui pullulent dans certains coins de rue, les excréta humains et animaux dont l'odeur pestilentielle empeste l'environnement et pas seulement…

Avec l'arrivée de Kadayed au pouvoir, le visage du Togati va changer avec ses mesures et actions. "Un corps sain dans un environnement sain" a-t-il l'habitude de marteler. Lui et son gouvernement l'ont très vite compris en mettant l'emphase sur le volet assainissement du Togati. Aussi bien la capitale Lomnatsi que le reste du pays en ont été positivement impactés.

Les différents systèmes de collecte, de traitement, d'évacuation des déchets liquides et des déchets solides, constituent la base de l'assainissement à Togati. Ils reposent sur des méthodes techniques, technologiques, hygiéniques et comportementales.

La construction systématique des égouts a par exemple permis de drainer les eaux pluviales ou eaux de ruissellement vers des cours d'eau, des zones d'infiltration naturelle ou vers de grandes retenues d'eaux installées à la périphérie des grandes artères des villages, villes et de la capitale. Ces bassins sont dotés de dispositifs anti-inondation qui permettent de réguler le débit des eaux en cas d'orage, gage de sécurité pour les infrastructures routières et immobilières.

À Togati, le stockage des eaux pluviales est dissocié des eaux usées issues d'activités humaines : domestiques, agricoles et industrielles. Pendant que la collecte des eaux de ruissellement ou pluviales est faite par le biais de caniveaux en surface (2 m de largeur x 2,5 m de profondeur), les eaux usées sont récoltées par processus.

Au niveau de l'habitat par exemple, les plans de construction proposés par les municipalités comportent l'installation des fosses septiques arrimées aux sanitaires. Ces fosses sont aussi connectées aux égouts par des canalisations qui drainent les eaux usées vers des stations de traitement. Comme dans un cycle, les eaux traitées sont par la suite réacheminées vers les populations pour être réutilisées pour le compte des toilettes, jardins publics, les bouches d'incendies…

Toutefois, le plus gros problème d'assainissement rencontré par le gouvernement Kadayed dans le domaine de l'assainissement reste sans contexte celui de la gestion des excréments d'origine humaine. Il a dû démultiplier les investissements pour aboutir à un procédé écologique inventé par un jeune biophysicien, financé par l'État Togatien.

Sa trouvaille consiste à dissocier des excréments des eaux usées domestiques afin de limiter ou d'enrayer la pollution de la nappe phréatique. Faisant d'une pierre deux coups, une fois isolés, les excréments humains sont récupérés, traités et réutilisés pour la fertilisation des sols agricoles, autant que certains déchets solides.

À Togati, les mardis et samedis sont réservés à la collecte des ordures ou déchets solides entreposés dans des poubelles domestiques ou municipales. Les poubelles vertes sont destinées aux déchets bio dégradables tandis que les jeunes sont réservées aux déchets durs : plastiques, bouteilles et autres. Qui dit collecte des déchets dit aussi nettoyage des rues avec des camions balayeurs. Services assurés par la voirie républicaine qui achemine les déchets dans une benne à ordures sur des sites aménagés pour y être traités.

D'autant qu'un prérecyclage est fait au niveau des populations, le traitement est quelque peu facilité une fois sur les sites. Ainsi, a-t-on des déchets qui sont directement incinérés, d'autres qui sont compostés pour être réutilisés comme engrais verts et enfin un autre groupe qui entre dans la phase de la récup. Ils concernent pour la plupart du temps les ferrailles, du bois et des plastiques lourds.

Si le niveau d'assainissement à Togati n'a rien à envier à celui de la plupart des pays dits développés, c'est grâce aux nombreuses séances de sensibilisation de la population, effectuées par le gouvernement Togatien. Elles portent sur le respect et/ou la pratique systématique de l'hygiène corporelle et la propreté en général en dehors et au-dedans de son cadre de vie. Les poubelles municipales, les toilettes publiques, les points de lavage des mains par exemple, sont visibles dans tous les espaces et lieux publics. En l'occurrence dans les centres commerciaux, écoles, hôpitaux, parcs publics, stations de bus ou de transport en commun, sans oublier les abords de la plupart des grandes artères des villes et de la capitale Lomnatsi.

EAU, ÉLECTRICITÉ ET INTERNET : LA TRILOGIE INCONTOURNABLE

Eau, électricité et internet : la trilogie incontournable

Toute construction se fait sur une fondation solide. Le développement du Togati, Kadayed et son équipe l'ont focalisé sur les denrées vitales pour toute amorce de développement : l'eau, l'électricité et l'Internet.

Grâce à des panneaux photovoltaïques, non seulement on arrivait à desservir plusieurs zones enclavées en électricité, mais aussi en eau potable, à travers des forages. On arrivait à les faire fonctionner grâce à l'électricité fournie par les photovoltaïques.

Concomitamment, la connexion à Internet a été rendue facile aux populations qui par le passé en souffraient énormément.

Autrefois, les populations du Togati payaient pour se faire connecter aussi bien au réseau électrique, d'eau que d'Internet. Pour se raccorder au réseau électrique, d'eau ou d'internet, les populations désireuses adressaient une demande au service en charge. Au cas où la zone n'est quasiment pas couverte par le service en question, ce sont les populations qui prennent en charge la totalité des frais du raccordement, sans compter les pots-de-vin. Dans le cadre du branchement à l'électricité par exemple, le client paie une facture qui prend en compte le coût des travaux et les détails du matériel qu'il faut pour la réalisation du branchement. Juste après, d'autres formalités administratives et techniques rallongent la période d'attente du branchement, qui pourrait se situer entre deux semaines et trois mois, selon les régions et le suivi. Si d'aucuns passent par des méthodes de corruption en soudoyant des agents indélicats, d'autres passent par les couloirs pour obtenir la faveur ou la pression d'un haut placé dans l'administration pour faire accélérer les choses.

Avec la nouvelle équipe dirigeante de Kadayed, tout a changé. Le réseau électrique est connecté à tous les villages grâce à l'installation de centrales thermiques ou photovoltaïques installées dans chaque région, pour suppléer l'électricité issue d'un seul barrage hydroélectrique situé au nord-est du pays à Arifa. C'est ainsi que toutes les habitations ont été raccordées, sans même qu'elles en aient fait la demande, aux réseaux électriques, d'eau et d'Internet. Les enregistrements des habitations se font immédiatement pendant le raccordement. Par ailleurs, tous les terrains lotis bénéficient automatiquement de bornes de connexion en eau, électricité et Internet.

Par induction, l'analphabétisme a été réduit de plus de ¾ de la population par rapport au régime précédent. Puisque beaucoup d'observateurs ont pu découvrir un lien de cause à effet entre l'accès à l'eau potable, l'électricité, l'Internet et le recul systémique et systématique de l'analphabétisme.

Le fait majeur a été aussi le développement des réseaux routiers, au fur et à mesure que des zones enclavées devenaient interconnectées en eau, électricité et Internet.

ROUTES ET ÉCHANGEURS

Routes et échangeurs

La capitale Lomnatsi est désengorgée par des voies passantes 4×4 sur 30 km à la ronde et 3×3 au-delà comme dans certains coins de la célèbre ville de New York aux USA. Dans les autres villes, c'est du 3×3 sur 20 km à la ronde et 2×2 au-delà, avec trottoirs et voies secondaires asphaltées ou pavées.

Sur les tronçons Adidotamé à Atikpamé, Stade d'Agotè à Coco Plage, Hilo Djinko, Kadayed a fait construire des échangeurs de 3×3 pour enrayer le "traffic jam[1]". Ainsi les échangeurs avec passerelles servent de "voies express[2]" tandis que les voies secondaires d'en bas desservent le trafic local.

Pour que les villes de l'intérieur ne soient pas du reste, il a fait mettre en place un échangeur (de 3×3 voies) à l'entrée de chaque ville. De sorte que les voies supérieures desservent le trafic Express interurbain, alors que les voies inférieures sont réservées au trafic local.

Dans l'Adjala et dans le Sossokpa, il a fait construire des ponts larges de 4×4 voies pour escamoter les gorges et sortes de canyons, en ligne droite. Des infrastructures colossales qui auraient coûté la peau des fesses de l'avis du premier dirigeant du pays : « Cela nous a coûté, mais nous sommes en train de réaliser un retour sur investissement à travers les péages et surtout grâce à l'arrivée massive des touristes dans ces zones autrefois enclavées. Sans oublier la redynamisation des échanges interpréfectoraux sur le plan socio-économique qui est un atout prépondérant au développement » a dit Kadayed au cours d'une interview.

---

[1]**Traffic jam** : embouteillage

[2]**Voies express** : voies rapides avec moins de détours et d'arrêts

Les viaducs sur les failles d'Adjala et du Sossokpa sont plus qu'une attraction touristique. Ils sont l'œuvre d'ingénieurs et d'ouvriers locaux qui ont mis en synergie leurs connaissances et compétences au service de l'excellence. À chaque fois que ces lieux sont visités par des touristes, ils n'hésitent pas à les comparer avec des infrastructures du même acabit réalisées en Chine, aux Usa ou dans certains pays occidentaux.

La particularité de ces viaducs longs de plus de 3 kilomètres par endroits, c'est qu'ils sont empruntés par tous les usagers. À côté des deux grandes voies (2X2) réservées aux camions, véhicules utilitaires et motocyclistes, des piétons et cyclistes ont aussi leurs passages qui leur permettent d'admirer la beauté fascinante des lieux. Sur place, la végétation escarpée de failles montagneuses donne un spectacle époustouflant.

Les voies routières et ferroviaires sont incontournables dans toute amorce et processus de développement. Kadayed l'a compris et y a mis le prix. De Lomnatsi à Tingassi, ce sont deux grandes voies de chemin de fer qui permettent de parcourir le Togati à vol d'oiseau, soit 700 km, en moins de 4 heures, en aller-retour, grâce au TGV installé avec l'appui de certains partenaires économiques asiatiques. Les longues et interminables heures sur les routes sont bannies à Togati. Au nombre de quatre, ces trains à grande vitesse assurent, les uns, l'aller, et les autres, le retour.

Au départ de Tingassi au nord, le TGV fait neuf escales dans les principales villes du pays avant son point de chute à Lomnatsi. C'est la même rengaine au retour, dans le sens contraire, Lomnatsi-Tingassi. Ce qui est quand même moins fatigant que les 12 heures de temps de voyage en autocar, soit le temps qu'il faudrait à un avion de ligne pour rallier Rabat à New York.

TRANSPORT AÉRIEN LOCAL

Transport
aérien local

Pendant que le réseau routier est en plein essor, le secteur aérien est aussi en plein essor. Les cinq régions de Togati disposent chacune d'une aérogare destinée à desservir le trafic aérien local. Pour la première fois à Togati, des avions-taxis desservent les quatre coins du pays. Plusieurs compagnies aériennes locales ont vu le jour. Détenues pour la plupart par des nationaux, elles proposent des services à prix compétitifs pour le plus grand bien de leurs clients. Prendre un avion à Togati n'est plus un luxe. C'est devenu une nécessité. Avec moins de 25 $, on pourrait prendre un aéronef et se retrouver à plus de 700 km de la capitale Lomnatsi.

Certains travailleurs ne rechignent plus à travailler loin de leur base favorite. Très souvent, à défaut de se déplacer en TGV[1], il y en a qui n'hésitent pas à recourir à un aéronef pour faire des allers et retours quotidiens de leur domicile à leur lieu de travail ou de mission, sans que cela ne pèse sur leur porte-monnaie.

Au-delà du contexte professionnel, sur le plan commercial et du fret, nombre d'opérateurs économiques trouvent leur compte dans la disponibilité des aéronefs.

C'est désormais plus facile à plus d'un de se déplacer pour la signature d'un contrat, superviser un chargement ou une activité ponctuelle, assurer le transport de biens et de marchandises en un temps record.

Les lundis par exemple, très tôt dans la matinée, nombreux sont les Togatiens à se bousculer au portillon des aérogares qui desservent le trafic aérien local. Ça étonne plus d'un de constater autant d'affluence dans les

---

[1]**Tgv** : Train à grande vitesse

aérogares que dans des gares routières. Tout comme le ballet des petits avions. Eh, oui ! Les Togatiens prennent l'avion pour aller travailler ou s'en servent pour transporter leurs marchandises.

Une commerçante spécialisée dans la vente de denrées périssables telles que les légumes, dit avoir rapidement adopté ce moyen de transport pour se procurer de légumes à l'intérieur du pays et les livrer à temps à la capitale. Et vice versa, elle approvisionne l'intérieur en certains produits manufacturés tels que du lait, du sucre, du riz. Et elle n'est pas la seule à s'en réjouir.

De son côté, un haut fonctionnaire d'un organisme panafricain a laissé entendre que quand il était employé dans une grande firme nationale à l'époque de l'ancien régime, c'était "un calvaire" pour lui que de prendre sa grosse cylindrée et avaler des kilomètres avant de joindre, en pratiquement une journée, le nord du pays. Aujourd'hui, en moins de deux heures, il arrive à rallier sa zone de travail au nord du pays, sans être fatigué. En prime, il arrive à finir le même jour pratiquement le travail qu'il faisait en pratiquement trois ou cinq jours, sans se fatiguer comme un agriculteur archaïque.

L'AGRICULTURE, UN ATOUT MAJEUR

L'agriculture,
un atout majeur

Sous l'ère Kadayed, l'agriculture est devenue un métier à part entière enseigné et pratiquée par des jeunes hommes et femmes rompus à la tâche dès la classe de 6e. La carte géographique et géologique du Togati offre une palette d'opportunités agricoles. Ainsi a-t-on défini des types de productions agricoles en fonction des zones géographiques et géologiques. En moins de cinq ans de mise en œuvre de la nouvelle politique agricole impulsée par Kadayed, le Togati est passé de pays importateur à pays exportateur de riz, par exemple. Mais au départ, les choses n'ont pas été si simples.

Environ 72 % de la population togatienne vivait dans l'extrême précarité avec moins de 200 dollars comme revenu annuel selon certaines études des Nations Unies. L'insécurité alimentaire et la malnutrition, additionnées à la faiblesse de la production et de la productivité, sont les principales causes de cette paupérisation. On n'oublie pas non plus les fluctuations climatiques qui ont une incidence significative sur la baisse des récoltes et par ricochet des revenus en milieux ruraux.

Et pourtant, sur environ 4 millions d'hectares de superficie cultivable dont disposait le Togati, seulement 30 % ont été ensemencées à cause du faible taux d'équipements professionnels des exploitations et d'un niveau technique qui laissait à désirer.

Une fois que les problèmes liés à l'agriculture ont été identifiés sous l'ère Kadayed, des actions ont vite suivi.

Par exemple, le Nord et le centre plus arides, bénéficient des techniques d'irrigation grâce aux panneaux solaires. La pluviométrie n'est plus un facteur ou un indicateur de productivité et de rentabilité agricole. Dans tous les villages spécialisés dans diverses productions agricoles (riz, maïs, sorgho, igname, manioc, haricot…), des machines agricoles municipales sont disponibles gratuitement pour tous travaux, allant du défrichage à la semence, en passant par le sarclage et la récolte. Les houes, d'abats, charrues et autres instruments agricoles rudimentaires ont été remplacés par des techniques de culture semi-modernes ou modernes par endroits.

Les jeunes décidés à embrasser le métier d'agriculteur y vont par passion et grand intérêt. Ils ne sont plus la risée de quiconque. Mieux, leur métier est moins fatigant et plus rentable.

Dans chaque commune, un agriculteur qui dispose de plus d'un hectare de terres cultivables est assisté par la municipalité. Il suffit qu'il en fasse la demande, son champ est défriché en un temps record par des tracteurs municipaux. L'ensemencement, le sarclage et la récolte des produits agricoles sont assurés par des machines agricoles de la municipalité. Ce qui a décuplé la productivité agricole du Togati en moins de cinq ans. Un cas d'école qui a fait des émules dans la sous région, au point que certains États Africains ont eu à envoyer de jeunes experts à s'imprégner du système d'éducation agropastorale du Togati.

SYSTÈME ÉDUCATIF RÉVOLUTIONNAIRE

Système éducatif révolutionnaire

Le président Kadayed et son équipe travaillent autant que faire se peut sur plusieurs projets de développement sans trompette ni tambour. Ce sont des impacts mesurables que les populations apprécient sur le terrain. Ainsi ses actes parlent-ils que ses propos.

Le projet qui a satisfait plus d'un, au point de faire école dans la sous-région reste sans contexte la réforme du système éducatif.

Par le passé, en classes primaires et secondaires par exemple, l'enseignement était dispensé exclusivement dans la langue coloniale. Juste après sa prise de fonction, kadayed a fait modifier cela. En classes primaires, le savoir est diffusé en langue nationale, puisqu'une loi avait instauré le Katima, dérivé d'un dialecte parlé au centre du Togati, comme langue nationale. Cependant, quelques heures de cours en anglais et français y sont aussi dispensées.

Les programmes inutiles ont disparu et aucune discipline ne faisait plus état de réalités autres que togatiennes. Les faits scientifiques, historiques, géographiques, géologiques… du Togati sont à l'honneur. Des cours fantaisistes sur des pays étrangers et sur des faits scientifiques inutiles ont été bannis.

Pour ce qui est du domaine des sciences naturelles par exemple, une étude sommaire sur des animaux de la basse-cour, certains animaux sauvages et de leur biotope sont dispensés. Par contre, point besoin de les soumettre à des croquis fantaisistes qui ne leur sont d'aucune utilité à court ou moyen terme. De même, leurs croquis et schémas sont réservés aux professionnels qui font les spécialisations en la matière.

En géographie, géologie ou en histoire par exemple, les différentes cartes du Togati sont polycopiées et les apprenants travaillent dessus directement selon les énoncés de leur enseignant.

L'étude des cartes étrangères est bannie, puisque tout est pratiquement disponible sur Internet.

Les examens ne sont plus des tests décisifs pour juger de la capacité cognitive des apprenants. Toutes les évaluations tiennent compte de la capacité des apprenants à transmettre à leur manière ce qu'ils ont appris pendant une année scolaire.

L'éducation n'a plus pour finalité les diplômes, mais la recherche de l'excellence et des compétences dans une discipline donnée.

Aussi bien les apprenants que les enseignants ont saisi l'opportunité d'être assidus et disciplinés en début d'année jusqu'à la fin pour atteindre cet objectif de résultat qualitatif.

MÉTIERS COMME SOCLE DE L'ÉDUCATION ET DU DÉVELOPPEMENT

Métiers comme socle de l'éducation et du développement

Les premières années de cours préparatoire et élémentaire au Togati permettent aux apprenants d'emmagasiner des connaissances fondamentales : savoir lire, écrire, s'exprimer correctement, additionner, soustraire, multiplier… D'autres formes d'enseignements artistiques, mathématiques, géométriques et scientifiques viennent agrémenter le programme auquel ils sont soumis au fil des années.

Pour ce qui concerne les enseignements artistiques, le dessin par exemple est utilisé dans sa diversité comme moyen d'expressions tous azimuts. En ce sens, quelqu'un dira "qu'un dessin vaut mille mots".

La musique, de son côté, fait créer et maîtriser une harmonie agréable des sons et leur succession ; fait expérimenter la voix parlée et chantée tout en explorant ses paramètres afin de la mobiliser au bénéfice d'une reproduction expressive.

L'éducation physique quant à elle aide à maîtriser les actions motrices comme lancer, sauter, courir… Elle va au-delà et permet aux apprenants de mobiliser de façon optimale leurs ressources pour produire avec courage des efforts à des intensités variables et prendre des repères extérieurs à son corps pour percevoir l'espace, le temps, la durée, l'effort le réconfort et le respect des règles en vigueur dans chaque discipline sportive.

L'enseignement n'est donc pas seulement une formation sur les œuvres de l'esprit. Elle va plus loin en incluant plusieurs variantes qui initient les apprenants dans plusieurs activités inhérentes à l'épanouissement de l'humain. C'est la raison fondamentale qui a poussé le président Kadayed et son gouvernement à insérer les métiers comme matières obligatoires et indispensables aux cours préparatoires dès la 2e année de l'école primaire.

Chaque élève est initié aux métiers de base tels que le dessin, la maçonnerie, la menuiserie et la couture. Parallèlement, des notions d'agriculture sont enseignées avec un accent particulier sur les différentes cultures entrant dans la consommation des mets au quotidien.

Dès la 6e année d'études, on intègre la mécanique et la chaudronnerie. Ce qui a permis d'enregistrer un engouement de beaucoup d'enfants pour ce qui concerne des secteurs d'activité autrefois dénigrés ou moins valorisés.

Avec ce système d'éducation basée sur la mixité des disciplines, où matières d'esprit et matières de métiers font bon ménage, des apprenants compétents aux têtes bien faites et pleines ont été formés pour être des leaders dans leur domaine de prédilection.

C'est ça l'excellence à la Togatienne.

CENTRES DE MÉTIERS

Centres de métiers

Comme continuité de ce qui a commencé dans les écoles primaires et secondaires, des centres de métiers ont parallèlement vu le jour dans tous les districts ou quartiers de Togati. De la menuiserie à la maçonnerie, en passant par la mécanique, l'électronique, l'informatique et bien d'autres encore. Ces centres sont des lieux de perfectionnements de tout apprenant désireux de se perfectionner dans un domaine d'activité. À Togati, plus d'une génération déjà que le chômage juvénile atteint difficilement 2 %. Juste parce que tous les jeunes en âge de travailler ont une formation pratique qui permet leur insertion sociale sans trop d'efforts. Soit ils sont embauchés, soit ils sont créateurs d'emploi, parce que qualifiés pour tenir un atelier spécialisé dans les domaines vitaux de développement d'un pays.

Pour la petite histoire, pour la première fois en plus de 60 années d'existence en tant que pays, le Togati exporte autant des mobiliers, d'outils que des véhicules. Presque tout est produit et consommé sur place grâce à une main-d'œuvre qualifiée.

La révolution qui a caractérisé la réussite des centres de métiers a été la réorganisation du travail.

Par le passé, un apprenant d'un métier professionnel est appelé à créer sa propre entreprise et la gérer après trois ou cinq années de formation. Alors que la plupart d'entre eux ont toujours baigné dans la précarité, sans revenus et sans aucune formation en entrepreneuriat.

Dans plusieurs secteurs comme celui des couturiers par exemple, l'État a mis en place un centre où sont recrutés des apprenants ayant fait une formation en la matière. Sous la houlette de quelques expérimentés, organisés sous le format d'organigramme d'entreprise multipersonnelle, ils sont répartis par secteurs : coupes, assemblages, repassages, étiquetage, mise en plastique…

Sous la forme d'usines de fabrications de vêtements en Occident, ces unités fabriquent les différents habits portés par les Togatiens. C'est sur ce modèle que de grands industriels et grandes marques de vêtements ont vu le jour, comme **noproblem**®[1] et **Abla**®[2].

La réorganisation du travail telle que décrite, pour ce qui concerne le textile, a été implémentée dans le secteur de la menuiserie, de la chaudronnerie, de la mécanique…

Dans la menuiserie, par exemple, on a pu assister à la fabrication et commercialisation à échelle industrielle de meubles de qualité "Made in Togati".

Kadayed, chantre de la consommation locale, a fait construire son palais grâce aux matériaux et matériels produits sur place sans oublier l'expertise et la main-d'œuvre locale utilisées pour la circonstance. Mêmes des prisonniers en faisaient partie !

---

[1]**noproblem**® : célèbre marque de produits et services sportifs
[2]**Abla**® : marque de lingerie féminine

LA PRISON : UN CENTRE DE MÉTIERS PAR EXCELLENCE

La prison : un centre de métiers par excellence

Un célèbre écrivain français, Voltaire, pour ne pas le nommer, disait que “le Travail éloigne de nous trois maux : l’ennui, le vice et le besoin”. À cette célèbre citation, il faudrait dorénavant ajouter celle de Kadayed qui pense que : « Le métier confère à l’homme la capacité de matérialisation et de transformation sans limite des rêves les plus fous en des réalités extraordinaires ».

L’on peut aisément se faire une idée de la conception de Kadayed par rapport aux métiers. Il a réorganisé le Travail en général, de sorte que même des personnes qui sont douées uniquement pour les œuvres de l’esprit, tels les philosophes ou les littéraires, aient une formation pratique dans un métier de leur choix. Ainsi, si des universitaires ou intellectuels n’échappent pas à l’obsession de Kadayed quant aux métiers, ce n’étaient pas les prisonniers qui en seraient exemptés.

Au contraire !

Il a fait construire plusieurs ateliers de diverses spécialités techniques dans toutes les prisons du Togati. « Les prisonniers ne sont pas des bons à rien. Ils ont été en conflit avec la loi. Ils sont en prison pour se corriger. Le rôle de l’État est de les accompagner à en sortir pour ne plus y revenir. Ils en sortiront transfigurés, métamorphosés. Car la prison leur aurait été un mal pour un bien », disait-il lors de l’inauguration d’un centre de santé pénitentiaire entièrement construit et équipé par des ouvriers et techniciens, tous des prisonniers ou d’anciens détenus.

C’est le cas de Kodjo qui est arrivé au centre pénitentiaire de Lomnatsi à 21 ans et avait en poche le brevet du secondaire, BEPC, comme seul diplôme. Après une formation professionnelle qui a duré autant d'années (trois) que sa purge de peine pour arnaque, recel et abus de confiance, il en ressort avec un CAP[1], option électricité, froid et climatisation. « Un métier extraordinaire », reconnaît-il. Il est devenu un grand patron parce que son secteur d'activité est de plus en plus demandé.

De son côté, Akla a, lui, appris la maçonnerie derrière les barreaux. Très volontaire et déterminé, il a touché à plusieurs domaines d'activités manuelles dans les exercices de pré requis ou requalification, avant de se spécialiser dans la maçonnerie.

Au-delà de diriger des jeunes hommes et femmes en conflit avec la loi vers des métiers porteurs, c'est avant tout le fait de leur inculquer des valeurs de citoyenneté en phase avec leur épanouissement qui ont motivé Kadayed et son équipe à mettre en place ce genre de centres de formations professionnelles dans les prisons togatiennes.

La prison n'est plus une fatalité à Togati. Sous l'ère Kadayed, elle devient même un salut pour des jeunes désœuvrés qui n'ont pu avoir pour exutoire que le crime. Aujourd'hui, grâce aux formations professionnelles et activités qui en découlent, plus de 75 % des détenus ont une activité rémunérée, en formation ou en travail en temps plein.

À Togati, chaque prison a des champs de plusieurs hectares. Les détenus proches de la libération sont souvent affectés aux tâches champêtres. Ils y sont formés comme de vrais professionnels par des ingénieurs agronomes et praticiens agricoles qui leur apprennent des techniques de cultures des légumes aux légumineuses, en passant par des céréales, des fruits et des plantes industrielles. La prison centrale de Togati produit en moyenne deux mille tonnes de maïs par an sur ses parcelles cultivables. Plus de trois

---

[1]**CAP** : certificat d'aptitude professionnelle

ans déjà que le service pénitentiaire de Togati est autosuffisant en production céréalière et le surplus est revendu pour subvenir aux besoins des détenus.

Du point de vue valorisation de métiers dans les prisons, toutes les productions ou prestations des détenus sont rémunérées à leur juste valeur. Il est arrivé que plusieurs détenus sortent de la prison avec une somme conséquente versée sur leur compte en banque, fruit de leurs durs labeurs en prison, grâce à leur savoir-faire.

En prison, nombreux sont-ils à réapprendre à être libre. À juste titre, Voltaire ne disait-il pas que “le travail éloigne de nous l’ennui, le vice et l’oisiveté” ? Désormais, il faudrait y ajouter… la prison !

LA CULTURE ET LES CENTRES CULTURELS LOCAUX

La culture et
les centres culturels locaux

Sur le plan culturel, la main-d'œuvre qualifiée a été d'un apport considérable dans l'excellence au niveau des productions artistiques. Les acteurs des arts visuels et de la scène, les groupes de ballets, de danses et autres prolifèrent dans tous les districts. Des centres culturels équipés de matériels son et lumière et autres répondant au minimum international y sont installés.

Chaque centre de district est construit sur un espace de 3.000m². Une salle de spectacles de 2 000 places assises, une médiathèque, une salle de réunion de 200 places et autres salles attenantes pour des besoins administratifs. Des événements culturels ou de loisirs sont au rendez-vous chaque week-end dans tous les districts du pays. Chaque commune, en collaboration avec des éducateurs sociaux et culturels, organise au moins un événement. Ces événements socio culturels sont financés par l'État, avec l'appui des entreprises étatiques et privées. Il s'agit de promouvoir la Culture togatienne et renforcer les liens entre les communautés.

Du cirque au ballet, en passant par des concerts, des matchs sportifs… tout est mis en œuvre pour que chaque commune de Togati soit en ébullition socioculturelle, artistique et sportive chaque week-end. Ces multiples activités contribuent pour beaucoup dans le développement des communes et dans l'éveil de la nation sur les plans socioculturels, artistiques et sportifs.

À Dousba, village situé à quelques encablures de la capitale Lomnatsi, un événement entrepris une quinzaine d'années plus tôt autour d'un met local dénommé Gaou, focalise l'attention de plus d'un.

Le Gaou est une galette faite à base de poudre de haricot épicée, mélangée à une solution de bicarbonate de sodium et d'eau, le tout frit. Il peut être dégusté seul avec du piment ou accompagner d'autres plats tels que la bouillie ou le gari.

"Autour du gaou", du nom de l'événement, est initié par M. Godjagoh, un féru de la culture. Sa particularité réside dans le fait que toute la programmation théâtrale, musicale, danse, poésie et lecture se déroule "autour du gaou", dans une ambiance empreinte de convivialité et de bonheur partagé.

Le succès retentissant de la première édition de cet événement a suscité l'intérêt des restaurateurs, des kiosques en tout genre et des bouquinistes. Au fil des années, Dousba est devenu le Village du Gaou par excellence avec plusieurs activités socio-économiques connexes qui s'y développent. Cette effervescence autour du gaou à Dousba entraîne dans son sillage l'installation d'autres métiers du spectacle, d'artisans, de cafetiers et de restaurateurs. Outre la Fête du gaou au cours de la première semaine des congés de Noël, d'autres événements similaires sont organisés pendant les vacances d'été ou congés pascals.

De par sa réputation, le village continue à attirer de nombreux touristes Togatiens et étrangers. Le dynamisme de ce village de 15 000 habitants est le résultat d'une politique locale développée à partir d'un événement autour du tourisme culturel.

C'est dans cet ordre d'idées que le Togati est devenu le leader, la locomotive, sinon la référence en termes de promotion des Arts, de la Culture, des loisirs et du Sport en Afrique.

Cela a un impact sur la qualité des productions phonographiques, cinématographiques, littéraires, artistiques, sportives et autres. Kadayed a misé gros dans ces secteurs d'activité et les résultats sont plus que satisfaisants.

Chaque année, plusieurs artistes Afro Américains et Afro descendants des Amériques et de l'Europe privilégient la destination Togatienne pour son dynamisme artistico culturel.

LES ARTS ET SPORTS À TOUS LES NIVEAUX

Les arts et sports
à tous les niveaux

Autant la culture est un poumon économique du Togati, autant les sports et les Arts sont valorisés à leur juste valeur.

Le Togati compte une école de foot par région. Les stades municipaux sont visibles dans toutes les communes. Ce sont en fait des complexes sportifs avec des stades omnisports à proximité des écoles (primaires, collèges et lycées). Toutes les universités quant à elles disposent de complexes sportifs adéquats. Presque toutes les disciplines sportives y sont pratiquées avec un accent particulier mis sur le football, l'athlétisme et le basketball.

La construction de ces espaces sportifs a pour objectif l'accroissement du nombre de sportifs compétiteurs pour en sélectionner une élite, susceptible de briller sur la scène internationale. Mais avant tout, ce sont des lieux qui aident à fédérer, à socialiser les jeunes en cassant les lignes de démarcation ethniques et raciales. D'autant que les sports sont apolitiques et non discriminatoires.

La pratique du sport implique forcément des équipements sportifs. Aussitôt après sa prise de fonction en l'an contemporain, Kadayed a offert par le biais de son Ministère des Sports et de la jeunesse, des équipements sportifs à tous les établissements scolaires.

Touchée par un chômage endémique, la jeunesse togatienne a été gangrenée par un type de violences plus dangereuses et meurtrières que celles des gangs : le terrorisme dit islamique. Néanmoins, Kadayed a très vite renversé la tendance en rapprochant la filière sport du secteur jeunesse, en la rendant inclusive avec un caractère beaucoup plus populaire et festif.

Tous les lundis et vendredis sont décrétés journées culturelles et sportives dans tous les établissements scolaires et d'enseignements professionnels à Togati par le président Kadayed.

Parallèlement aux sports, les Arts sont aussi promus. Ainsi a-t-on une école des Beaux-arts dans toutes les régions. Elles y ont permis la formation et l'éclosion de talents artistiques aux renommées internationales.

Les étudiants y peuvent également se réaliser dans des métiers créatifs tels que l'illustration, l'édition, la publicité, le multimédia, la photographie, voire la bande dessinée. L'objectif de ces écoles est d'aider les jeunes à y développer leur projet personnel.

Les produits de la culture et de l'art ont donc un statut très particulier. Étudier puis travailler dans l'art ou la culture vous permet ainsi de vous former à de nombreux métiers pour préserver ou produire de tels objets : la promotion, la conservation et à un niveau plus essentiel, la création débouchant forcément sur la commercialisation avec une rentabilité pérenne assurée.

ORGANISATION COMMERCIALE ET GESTION DES CENTRES COMMERCIAUX

Organisation commerciale et gestion des centres commerciaux

À Togati, Kadayed et son équipe ont réussi à réorganiser les centres commerciaux, communément appelés “marchés”. Il a fait construire de grands centres commerciaux. Chaque district avec son centre commercial de vivres et de non-vivres.

Dans un centre commercial de vivres ou de denrées alimentaires par exemple, il y a des sections pour chaque type de denrées (céréales, légumineuses, tubercules, fruits). Les commerçants ou commerçantes grossistes sont devenus des fournisseurs de denrées aux centres commerciaux. Les détaillants ont été recrutés pour prendre en charge les clients dans des rayons ou sections de denrées dont ils ou elles ont été formés pour être en charge.

Une chaîne a donc été créée, de la terre à la table, du producteur au consommateur, en passant par les fournisseurs.

L’avantage, c’est que les agriculteurs sont confiants que leurs productions trouveront preneurs et de l’autre côté, les grossistes fournisseurs n’ont plus de soucis à se faire quant aux clients “mauvais payeurs”. Aussitôt qu’ils ont livré leurs produits, ils sont payés.

Entre-temps, les détaillants qui souffraient de la mauvaise conservation de leurs produits, sont embauchés par des centres qui disposent de chambres froides pour conserver les denrées périssables.

Tout le monde s’en sort donc gagnant.

De l’autre côté, les centres commerciaux spécialisés dans les non-vivres, tels que les matériaux de construction et quincaillerie, sont pour la plupart livrés par les centres de métiers et les usines qui produisent localement des matériaux et matériels de travaux.

Là aussi, l'État a encouragé le regroupement de plusieurs sociétés de commerce pour donner naissance à des centres commerciaux spécialisés.

La naissance de ces centres commerciaux au niveau de chaque district a fait disparaître le phénomène de vendeurs à la sauvette et privilégier par ricochet la consommation de produits, matériaux et matériels fabriqués localement à Togati.

De ce fait, les vendeurs à la sauvette ou détenteur de petite boutique ont été embauchés dans les centres commerciaux avec un salaire considérable.

Néanmoins, des particuliers qui veulent avoir leur propre boutique spécialisée sont autorisés à le faire. Sauf que cela nécessite l'accompagnement technique de l'État, qui impose des normes et plans de construction de boutique sur un espace bien défini.

Les normes imposées vont au-delà de l'aspect macroscopique ou de la texture architecturale des bâtisses de boutique. Elles concernent aussi bien l'achalandage des produits que les décors intérieur et extérieur.

Le réaménagement ou l'organisation du commerce en bordures de routes a drastiquement changé le visage de Togati. Les baraques de fortunes en contreplaqué ou en conteneur installés de façon anarchique ont disparu. On a remarqué par la même occasion le retour de la propreté sur les voies et un peu partout dans les coins et recoins du Togati. De même, les embouteillages dus aux mouvements de foules observés particulièrement à des carrefours ou à des endroits à forte concentration de commerces, avec son lot d'accidents impliquant souvent des motos-taxis ont aussi disparu.

RE
START
LA RECONVERSION
DES MOTOS-TAXIS

La reconversion des motos taxis

Les travaux d'aménagements et de construction des voies de transports ont impacté le quotidien des Togatiens. D'autant que de nombreuses voies routières reliant les unes aux autres ont été construites ou réaménagées. La plupart d'entre elles sont desservies par des bus de transport en commun et des taxis spécialisés. Les nombreuses motos taxis qui faisaient la particularité du Togati en matière de transport, ont disparu.

Pour se déplacer à Togati, c'est rare de faire appel aux motos taxis. Non pas que les motos n'existent plus mais simplement parce que les jeunes personnes qui s'y adonnaient ont trouvé mieux à faire, grâce au programme de réinsertion socioprofessionnel du président Kadayed.

En effet, la plupart des jeunes qui faisaient du taxi moto leur gagne-pain avaient une formation professionnelle ou diplômant à portée de main. À défaut de trouver les voies et moyens pour exercer le métier de leur choix, ils ont été contraints de faire du taxi moto en attendant de trouver mieux.

Pendant des décennies, des générations entières se sont tuées à la tâche, au sens propre comme au figuré, dans ce corps de métier. Les accidentés, les blessés, les malades, les indigents, les morts… ont été comptés par milliers sur toute l'étendue du territoire togatien. Un manque à gagner considérable pour le pays en matière de ressources humaines hypothéquées.

Conscient des enjeux autour de l'emploi des jeunes, de la problématique autour de la mise en circulation des motos, les motos taxis en particulier, Kadayed a misé sur les métiers, d'où la prolifération des centres de métiers qui ont permis le renforcement de compétence de plus d'un et favoriser l'éclosion d'une nouvelle génération d'artisans. Parallèlement, le gouvernement togatien, sous l'impulsion de son président, a mis en place un fonds de réinsertion socioprofessionnelle des jeunes conducteurs de taxis motos.

Grâce à ce fonds, nombre de jeunes qui avaient une compétence professionnelle avérée, se mettaient en groupement de cinq personnes pour soumettre un projet bancable dans leur domaine de prédilection. Ils sont accompagnés en ce sens par des associations ou ONGs. Le gouvernement ne venait qu'en dernier ressort pour garantir les projets retenus. Une méthode qui a permis la réinsertion professionnelle de dizaines de jeunes aux profits des secteurs comme l'agriculture, la menuiserie, la couture, la maçonnerie…

Nonobstant la réinsertion socioprofessionnelle des jeunes conducteurs taxis motos, le gouvernement togatien a quand même pris des mesures pour juguler d'éventuels problèmes de mobilité des populations, à travers la mise en place de services de transport en commun et de taxi spécialisés.

Parlant de taxis spécialisés, il est à noter qu'à Togati, un particulier n'a plus la possibilité de mettre en service son véhicule comme taxi s'il n'a pas une flotte d'au moins 10 véhicules, dont l'année de mise en circulation est inférieure ou égale à 5 ans. De plus, les chauffeurs passent plusieurs tests, théoriques, pratiques et psychosomatiques, avant de prendre le volant. Ce qui a permis de faire le "ménage" sur les routes togatiennes, d'offrir un cadre de vie décent aussi bien aux usagers de la route qu'aux chauffeurs de taxi. Fini donc la période où des chauffards et motocyclistes sans foi ni loi roulaient à tombeau ouvert.

ALLOCATION
AUX CHÔMEURS,
ÉTUDIANTS, APPRENTIS
ET TRAVAILLEURS
INTERMITTENTS

Allocation aux chômeurs, étudiants, apprentis et travailleurs intermittents

Le chômage a considérablement diminué à Togati. 2 % de la population, environ 200 mille âmes, en sont concernées.

Afin d'impacter la consommation locale, Kadayed a décidé de payer une allocation mensuelle de chômage aux jeunes sans emploi. Elle varie de 125 à 150 dollars selon les situations. Des étudiants, des apprentis, des travailleurs intermittents ou saisonniers issus de divers secteurs d'activité sont aussi concernés par cette allocation.

L'Assurance chômage est une assurance obligatoire à laquelle cotisent tous les employeurs du privé ainsi que certains du public, pour protéger leurs salariés lorsqu'ils perdent leur emploi.

Ces cotisations représentent 5 % du salaire brut, à la charge de l'employeur. L'État y participe également. Grâce à ces ressources, les salariés qui perdent leur emploi de façon involontaire peuvent toucher un revenu sous forme d'allocation à condition d'avoir travaillé pendant dix années au minimum.

Cette allocation représente en moyenne 75 % de l'ancien salaire net. Elle peut durer jusqu'à 3 ou 4 ans pour les plus de 60 ans.

L'assurance chômage permet de limiter les difficultés financières liées aux différents crédits, dont celui immobilier, auxquelles un travailleur pourrait être confronté pendant une période de chômage. Il s'agit donc d'un deuxième avantage fort : pouvoir emprunter et rembourser ensuite son crédit avec sérénité.

L'assurance chômage porte sur la perte d'emploi et possède un avantage évident : limiter les conséquences financières d'une perte d'emploi sur le budget et sur l'équilibre des finances du travailleur.

Parallèlement, les étudiants et autres chômeurs bénéficient aussi de certains avantages financiers qui leur permettent de joindre les deux bouts. En moyenne, ils perçoivent entre 100 dollars et 150 dollars US le mois.

Cet accompagnement financier participe au développement du pays, puisque, selon plusieurs experts économistes, il permet de booster la consommation locale qui, à son tour, impacte positivement le panier de la ménagère.

Contrairement aux idées reçues selon lesquelles cette aide financière pourrait inciter à la paresse, c'est plutôt le contraire qui a été constaté. Les bénéficiaires rebondissent très rapidement, en tout cas pour ce qui concerne les jeunes, à trouver un travail décent et mieux payé.

Seuls des indigents et nécessiteux qui demeurent assistés et dans ce cas, outre les allocations financières, ils sont accompagnés par des services sociaux adéquats.

MENTORING
LES RETRAITÉS
RAPPELÉS EN APPOINT

Les retraités rappelés en appoint

À Togati, on parle de formations de pointes au niveau du service militaire obligatoire et au niveau d'autres secteurs d'activité qui ont débouché sur une main-d'œuvre qualifiée. Ce n'est pas le fruit du hasard.

Recruter des jeunes diplômés, c'est un investissement indispensable. On doit les former, les acculturer à leur environnement, aux missions qui leur seront confiées. Cela demande un peu de temps avant qu'ils ne soient complètement opérationnels. Lorsqu'il s'agit de missions ponctuelles, la grande expérience des retraités experts, associée à la mobilisation de leurs compétences pointues, leur permet de travailler immédiatement sur les missions qu'on leur confie.

On fait appel à des retraités pour maintenir les compétences clés au sein des entreprises.

L'autre plus-value des retraités experts pour les entreprises, c'est de pouvoir disposer de compétences rares ou en voie de disparition.

Pour autant, le recours aux retraités experts ne se substitue en aucun cas à un recrutement pérenne. En effet, les missions sur lesquelles ils sont envoyés sont ponctuelles.

Les retraités experts sont demandés dans le secteur industriel pour lequel les volets scientifiques et techniques sont importants : l'Éducation, le BTP, les Énergies, le Ferroviaire…

Certains retraités experts servent de mentor pour leurs collègues plus jeunes. La plupart des entreprises, sous l'impulsion du Président Kadayed, ont choisi de faire recours aux retraités experts dans une démarche plus collective avec la création d'un espace collaboratif où les anciens pourraient travailler avec les plus jeunes.

En effet, ces formations, souvent plus pratiques que théoriques, ont été administrées par des retraités rappelés en nombre pour mettre leurs années d'expérience et de savoir-faire au service de la jeune génération.

C'est ainsi qu'on voit des quinquagénaires, sexagénaires, septuagénaires et parfois même des octogénaires, aux côtés des adolescents, leurs petits-enfants donc, pour des projets hautement importants.

Le président Kadayed l'explique par le fait que « les vieux, tant qu'ils sont solides physiquement et mentalement, ont autant à apporter au développement de notre pays que les jeunes. Ce sont eux la force tranquille ». Des propos qui ont fait couler beaucoup d'encres et de salive dans la Presse.

LA PRESSE, UN AMI

La presse, un ami

« La libre communication des pensées et des opinions est un des droits les plus précieux de l'Homme » selon la déclaration universelle des droits de l'Homme et des peuples. Pour ce faire, la presse ne fait pas de cadeau au président Kadayed. Malgré ses faits et gestes dignes d'un révolutionnaire soucieux de l'épanouissement de ses administrés, il est l'un des personnages les plus critiqués du Togati. Il est à la une de pratiquement tous les journaux.

Aujourd'hui, l'information est présente autant sur Internet, à la télévision, à la radio, dans les journaux, sur les réseaux sociaux, que dans la rue. Le fait d'encourager la liberté de la presse responsable qui informe le public, permet à diverses voix de se faire entendre et responsabilise les dirigeants. De ce pas, le gouvernement Togatien a facilité l'accès de la presse, toutes tendances confondues, aux sources de financement public ou privé. Kadayed et ses administrés ont très tôt compris que les médias ne peuvent être vraiment indépendants que s'ils bénéficient d'un financement sûr et de bailleurs de fonds qui respectent leur indépendance éditoriale.

Il a fait passer par exemple, l'allocation nationale allouée à la Presse de 500 mille dollars US à 2 millions de dollars US en l'espace de trois ans d'exercice du pouvoir. Sans oublier le fait qu'il a fait construire dans toutes les régions du Togati, une maison de la presse digne de ce nom, équipée chacune d'une imprimerie numérique, de studios audiovisuels, de médiathèque, d'une grande salle de jeux, de salles de réunion, de jardins et d'une grande cantine.

Nonobstant ses actions salutaires en direction de la presse, ses réformes ou méthodes de gouvernance sont critiquées par des journalistes qui ne voient en lui qu'un despote à l'image d'un Kadhafi[1] ou d'un Fidel Castro[2]. Curieusement, cela ne l'émeut guère. Au contraire !

« J'adore les journalistes et la presse en général. Dans leurs critiques au vitriol, teintées d'injures caustiques, je retrouve parfois un chemin pour avancer et ne pas tomber dans les traquenards de mes prédécesseurs », aime à dire Kadayed.

Il fait un point de presse à chaque fin de mois. Il répond à toutes les questions de journalistes des médias publics et privés sans ambages.

En des termes pédagogiques, il revient sur chaque questionnement, chiffres et référencements à l'appui. À la manière d'un Mélenchon[3], il a une connaissance exhaustive de tous les secteurs du pays. Même les finances ne lui sont pas inconnues.

« Je ne suis pas d'accord avec ce que vous dites, mais je me battrai jusqu'à la mort pour que vous ayez le droit de le dire », a-t-il lancé un jour à un journaliste critique qui lui a posé la question de savoir pourquoi il faisait autant pour la presse privée, quand bien même cette dernière ne le ménageait pas.

---

[1]**Kadhafi** : **Mouammar Kadhafi**, ancien dirigeant de la Libye. Il a accédé au pouvoir en 1969 par un coup d'état et assassiné dans son pays en 2011 pendant la guerre civile.

[2]**Fidel Castro** : ancien président de Cuba de 1959 à 2008. Il est décédé en novembre 2016.

[3]**Mélenchon** : **Jean Luc Mélenchon**, homme politique français, volubile mais doté d'une remarquable intelligence politique.

MÉDIAS PUBLICS, UNE RÉFÉRENCE SOUS RÉGIONALE

Médias publics, une référence sous régionale

Avant l'arrivée du président Kadayed, le paysage des télévisions et radio publique étaient délétères. Pendant plus d'une trentaine d'années, les conditions de vie et de travail du personnel laissaient à désirer. À la télévision nationale, par exemple, non seulement le personnel était mal recyclé ou mal formé, mais également, il devrait travailler avec du matériel vétuste dans des locaux délabrés. Les mutations technologiques profondes, une transformation des modes de visionnage et une concurrence accrue tant sur le linéaire que dans l'univers numérique ne vont pas arranger les choses.

La libéralisation du paysage médiatique togatien a permis la floraison d'une ribambelle de télévisions privées au plan national. Parallèlement, on a constaté un envahissement du paysage médiatique togatien par des télévisions internationales qui émettent grâce aux câbles ou aux satellites. Ce qui a entraîné la dégringolade de la côte des médias publics qui s'est fait beaucoup ressentir auprès des jeunes qui représentent en moyenne plus de 70 % de la population.

Les jeunes générations ont grandi avec le numérique dont ils maîtrisent parfaitement les codes et les usages. Elles entretiennent un rapport très différent aux loisirs, au monde de l'entreprise, aux réseaux relationnels... Le symbole de cette évolution est l'émergence des réseaux sociaux porteurs d'une volonté de partage, de participation et d'intérêts multiformes et multisectoriels. Ce qui crée des défis particuliers pour les médias généralistes, et notamment pour les médias du service public, qui ont vocation à rassembler le plus grand nombre et créer un lien social.

L'enjeu de la télévision est d'innover constamment pour se mettre au diapason de l'évolution de la société et profiter des opportunités grâce à ce nouvel ordre médiatique très prolifique.

Face aux enjeux de l'heure, le président Kadayed a fait augmenter le budget des médias publics, la télévision nationale en particulier. Les fonds alloués à la télé publique togatienne sont passés de 770 mille dollars l'an à 2,5 millions de dollars.

Pour la première fois, la Télé Togatienne diffuse en clair avec des images en 4K[1].

Des caméras 4K, des serveurs et logiciels de montage de grandes résolutions et capacités, des studios équipés d'écrans Led avec des génériques en 3D[2]… Tout est mis en œuvre pour émerveiller les téléspectateurs.

Au niveau des programmes, tout a changé. La télé et la radio nationales étant devenues des offices, elles ont recruté la crème de la crème des journalistes, présentateurs et animateurs. Le contenu tient en haleine des heures durant et accroche toute personne qui s'aventure sur le canal ou les ondes hertziennes de la télé ou de la radio togatienne.

Pour le suivi des activités présidentielles, Kadayed a mis sur pied une équipe de médias présidentiels. Ses faits et gestes sont relayés sur un site Internet et des pages de réseaux sociaux qui lui sont dédiés.

À part le relais de quelques faits majeurs concernant les activités présidentielles, les médias publics sont devenus autonomes à tout point de vue.

---

[1]**4K** : appareil électronique ayant environ 8,3 millions de pixels.

[2]**3D** : trois dimensions qui caractérisent l'espace tel que perçu par notre vision en largeur, hauteur et profondeur.

REORGANISATION
STRUCTURELLE DU
PORT AUTONOME

Réorganisation structurelle du port autonome

En géographie, le port est perçu comme une interface maritime qui facilite les échanges entre deux zones d'influence que sont le Foreland, l'avant-pays, et l'Hinterland, l'arrière-pays. Cette théorie est prouvée pour ce qui concerne le port de Lomnatsi qui s'est imposé comme le hub du transport maritime en Afrique. Sa géolocalisation, sa taille et le fait qu'il soit en eau profonde lui confèrent de nombreux atouts qui lui permettent d'être très compétitif en étant au cœur des échanges maritimes mondiaux.

Environ 900 ports ont des liaisons avec celui de Lomnatsi. Au moins 450 le sont par lignes régulières. Il est relié aux ports sud-américains, américains et canadiens ; aux ports africains et moyen-orientaux ; aux ports asiatiques et européens. Ils l'approvisionnent autant en matières premières (pétrole, gaz, céréales) qu'en échanges conteneurisés avec des produits de toutes sortes qui y entrent et d'autres qui en ressortent.

L'arrière-pays du Togati couvre quasiment les pays sahéliens qui n'ont pas accès direct à la mer. Grâce au Port de Lomnatsi, plus de 100 millions de clients sur un rayon d'environ 900 kilomètres arrivent à commercer avec le monde entier. Pour leur faciliter davantage la tâche, le président Kadayed a fait construire avec l'aide de ses voisins de l'Hinterland, des réseaux routiers, ferroviaires et aériens internationaux de sorte qu'en moins de 24 heures, la plupart des clients et populations de l'Hinterland sont desservis en produits de première nécessité. Les pipelines, oléoducs et gazoducs ont été aussi construits pour l'acheminement des produits pétroliers raffinés et/ou bruts.

Le port de Lomnatsi a été désigné premier port Africain en tonnage, cinq ans après l'arrivée de Kadayed au pouvoir. Et pour se maintenir parmi les premiers rangs mondiaux, il poursuit son développement avec la construction de nouveaux terminaux à conteneurs installés sur le long de la côte.

La gestion et le développement du port sont administrés par l'autorité portuaire de Lomnatsi. Une société parapublique qui recrute sur la base de compétence et d'expériences en la matière. Elle emploie environ 2 000 personnes et génère environ 200 000 emplois directs sur la zone portuaire.

Au port autonome de Lomnatsi, beaucoup de réformes ont été apportées. Par exemple, les importations de véhicules âgés de plus de 10 ans ont été interdites. Purement et simplement. De même que l'importation des ustensiles, outils, vêtements usagés… de l'occident.

Interrogé, le président Kadayed a sa petite idée sur la chose : « En réalité, nous n'interdisons pas l'importation des véhicules ou tout autre chose usuel de l'Occident. Nous refusons que notre pays en devienne le dépotoir. D'ailleurs, presque tout est produit sur place. Pourquoi permettre une concurrence déloyale à nos artisans et travailleurs togatiens ? Le bon sens voudrait que nous favorisions la consommation locale. Mais si importation il doit y avoir, nous attachons du prix à la qualité de tout ce qui doit entrer sur notre territoire. »

Les véhicules et autres engins sont taxés à 18 % du prix d'achat, sur présentation de tous les documents légaux et bancaires.

BANQUES ET
MICRO FINANCES
AU SERVICE DU
DEVELOPPEMENT

Banques et microfinances au service du développement

Le développement de tout pays est lié à sa capacité à mobiliser des fonds et impulser la consommation endogène. De ce fait, Kadayed a trouvé un modus vivendi avec les structures financières, banques et microfinances[1], sur l'assouplissement des conditions de prêts bancaires aux personnes physiques et morales. Une façon d'abonder dans le sens de l'adage selon lequel il « faut de l'argent pour faire de l'argent » pour réussir, mais il faut pouvoir « emprunter à bas prix » pour durer.

L'accès au capital est l'un des principaux obstacles auxquels les petites et moyennes entreprises sont confrontées lorsqu'elles cherchent à mettre en œuvre des stratégies de croissance et de développement.

La forme classique du financement par emprunt dans les pays en développement, dont le Togati, consiste à lever des capitaux en empruntant de l'argent à une banque ou micro finance. En échange du prêt, les créanciers doivent ensuite payer des intérêts sur l'argent emprunté. Ce qui pose souvent problème entre les deux parties, c'est la garantie du prêt, le taux d'intérêt, le délai de remboursement. Dans la plupart des cas, quand l'une de ses conditions n'est pas remplie, il n'y a purement et simplement pas de prêt. C'est ainsi que plusieurs entrepreneurs sont laissés sur le carreau bien qu'ils aient des idées d'entrepreneuriat innovantes.

L'endettement peut s'avérer rentable, en fournissant aux petites entreprises les fonds nécessaires pour stocker

[1]**Microfinances** : Institutions financières issues pour la plupart des coopératives d'épargne et de crédit, proposant des solutions financières aux populations à faibles revenus.

des réserves, embaucher des employés supplémentaires et acheter des biens immobiliers ou l'équipement dont elles ont besoin. C'est ce que l'État Togatien a fait comprendre aux acteurs des milieux financiers, banques et microfinances.

Grosso modo, l'État Togatien a conseillé aux banques de réduire leur exigence à un ratio de 70 % d'endettement pour 30 % de fonds propres et même inférieur lorsque le prêt finance une création d'entreprise « à risque limité » d'après les normes du secteur concerné. Quoi qu'il en soit, une absence de fonds propres n'est forcément plus jugée rédhibitoire par le banquier chargé d'étudier le plan d'affaires de l'entreprise.

Les prêts bancaires octroyés dans le cadre de la création d'une entreprise à Togati s'étendent généralement sur une durée comprise entre 3 et 7 ans. Dans le cas d'acquisitions immobilières, le prêt peut s'étaler sur une durée plus longue allant de 15 à 30 ans et plus. Ce qui permet aux employés, autant du secteur public que privé, une fois qu'ils sont en CDI[1], de pouvoir bénéficier d'un prêt immobilier dont l'amortissement pourrait couvrir toutes leurs années de service. Une façon de les accompagner de sorte que le prêt immobilier ne devienne plus un fardeau mais une nécessité. Pareil pour le prêt de véhicule ou d'autres besoins vitaux.

En définitive, le taux d'imposition ne dépassait plus 3 % et les délais de remboursements sont plus raisonnables. On a constaté une nette amélioration du climat des affaires et la consommation domestique a quadruplé. Le PIB[2] par habitant a augmenté de 5 % par rapport aux années précédentes et le niveau de vie de la population s'est amélioré.

---

[1]**CDI** : Contrat à durée indéterminée

[2]**Pib** : Produit intérieur brut

STATE
LIFESTYLE
REDUCTION DU
TRAIN DE VIE
DE L'ETAT

Réduction du train de vie de l'état

Au moment où la croissance économique est au rendez-vous, Kadayed a décidé de réduire le train de vie du gouvernement.

Pour atténuer les conséquences sociales des réformes économiques adoptées depuis plusieurs mois au Togati, le gouvernement a décidé d'allouer plus de fonds aux projets sociaux. Pour ce faire, les dépenses liées aux voyages officiels des membres du gouvernement à l'étranger sont réduites de 60 % tandis que les quotas de carburant pour les véhicules gouvernementaux sous forme de bons de carburant sont réduits de 40 %. De plus, le gouvernement du Togati a revendu tous les véhicules gouvernementaux excédentaires et a réduit de 35 % le budget des ambassades.

Tous les ministres (une quinzaine) ou membres du gouvernement, parlementaires (30) et quelques commis de l'État ont un salaire raisonnable et digne de leur fonction. Des avantages pécuniaires et matériels qui vont avec. Cependant, les véhicules de fonction ne sont utilisés que dans le cadre du travail. Tous les ministres et membres du gouvernement rallient leur service à bord de leur propre véhicule. De même, aucun véhicule de service n'est autorisé à circuler en ville à des heures tardives ou des jours non ouvrables sans raison valable.

Cela a permis au régime de Kadayed de dégager assez de ressources qui sont ainsi allouées à d'autres secteurs dont l'Éducation, l'habitat et l'alimentation en zone rurale.

Dans le cadre du programme permettant la fourniture des denrées alimentaires gratuites aux populations défavorisées, plus de 100 mille familles ont pu bénéficier d'un équivalent de 500 tonnes de vivres évalués à 400 mille dollars, grâce à la réduction du train de vie de l'État.

Dans le domaine de l'Éducation, ce sont 10 mille enseignants volontaires qui ont pu être intégrés dans la fonction publique tandis que 200 nouvelles écoles ont vu le jour dans plusieurs zones rurales. Sans oublier la hausse de 5,5 % de l'indice salarial des nouvelles recrues des enseignements primaire et secondaire.

Le régime du vieux Etigna dépensait en moyenne pour le compte de la présidence et de l'Assemblée nationale 100 millions de dollars chaque trimestre, à raison de 25 millions de dollars pour l'Assemblée nationale et de 75 millions de dollars pour le fonctionnement de la présidence. De leur côté, les ministères dépensaient en moyenne 150 millions de dollars par trimestre. Des chiffres découverts dans les données statistiques du trésor public juste après la prise de fonction du président Kadayed.

C'est là qu'il a déclaré que la réduction du train de vie des institutions de l'État est plus que nécessaire. Il a dit que la classe politique doit renoncer aux privilèges qu'elle s'octroie indûment au détriment de la masse populaire. D'autant que selon lui : « les politiques ne sont pas mieux que les populations. D'ailleurs, un politique est au service du peuple. De ce fait, il doit arrêter de considérer les caisses du trésor public comme sa propre poche. »

Pour faire preuve de leadership, Kadayed a publié dans la foulée ses biens et réduit de 40 % son salaire de président de la République, qui passe de 25 000 dollars à 15 000 dollars.

La réduction du train de vie des institutions a permis aussi d'économiser environ un milliard de dollars et de mettre en œuvre la gratuité de l'enseignement de base, la prise en charge de la santé maternelle, néonatale et infantile, ou des investissements dans le secteur de l'agriculture…

Ces actions et mesures ont été appréciées par autant la population à la base que par une majorité des Togatiens de l'extérieur.

LA DIASPORA ET
LES AFRO DESCENDANTS,
PLUS QUE DES AMIS,
DES PARTENAIRES
À ENTRETENIR ET À CHÉRIR

La diaspora et les afro descendants, plus que des amis, des partenaires à entretenir et à chérir.

Le président Kadayed aime beaucoup ses concitoyens. Où qu'ils soient, il leur accorde autant d'importance. Ainsi, la diaspora togatienne a une place de choix dans son cœur, parce qu'elle représente un flux et un reflux de forces économique, politique, sociale et culturelle pour son pays. Sans aucun doute, la diaspora togatienne est à ses yeux le prolongement du Togati dans tous les pays d'accueil où elle se trouve.

Et elle le lui rend bien.

La diaspora togatienne contribue énormément au développement du pays en termes d'investissements directs ou indirects de devises étrangères envoyées aux proches. Contrairement à nombre de pays africains, le Togati reconnaît la plupart des associations des Africains de la diaspora. Ainsi, bénéficient-elles de moyens pour s'impliquer dans des projets ou microprojets de développement de leur communauté de base ou dans leurs villages de provenance. À Raka par exemple, village situé au nord-est du Togati, la diaspora a entièrement financé un projet de construction de forage hydraulique et d'adduction d'eau. Cela a permis aux populations non seulement d'avoir accès à l'eau potable, mais aussi d'avoir la possibilité de faire des cultures à contre saison.

Si Kadayed a réussi tant soit peu sa politique de développement, c'est parce qu'il a su exploiter les moyens humains et financiers de sa diaspora. À terme, il a trouvé les voies et moyens pour juguler la plupart des problèmes de développement au point que, grâce aux actions coordonnées de la diaspora et du gouvernement, le Togati se passe aujourd'hui de l'aide au développement des pays occidentaux, qui a endetté l'ensemble des pays du tiers-monde.

Une première en Afrique !

Après avoir accordé le droit de vote à la diaspora togatienne, Kadayed lui a complètement ouvert le pays. Tout projet de la diaspora est étudié à la loupe à travers le Think-tank initié par le Ministère des Affaires étrangères et le département d'État chargé de la diaspora.

Il a facilité la venue sur le continent africain de certains de nos frères Afro-descendants désireux de changer un peu d'air après des mois de dur labeur. Une fois sur place, il leur a offert l'opportunité de faire d'une pierre deux coups. Non seulement ils ont eu le temps nécessaire pour se relaxer, mais aussi, ils ont pu s'enquérir des nouvelles de certains secteurs d'activités porteurs pour y investir.

Par des politiques nationales et des lois du système bancaire, le Togati a attiré l'épargne des travailleurs afro-descendants. Cette épargne a été orientée vers des investissements productifs dans le secteur agricole où des centaines de milliers d'emplois verts ont été créés, surtout dans la filière maraîchère. Par ailleurs, des Afro-Descendants apportent leur contribution au renforcement des capacités scientifiques et technologiques du Togati. Ainsi a-t-on des fonds Afro-américains dans des sociétés d'agro business, BTP, énergies renouvelables, nouvelles technologies, du tourisme et de la manufacture… à Togati.

Kadayed a su tirer profit de la diaspora togatienne et des Afro-Descendants comme acteurs de développement. Il a cru en eux. Il a puisé dans la prolificité des hommes et femmes émigrés hors de leur Togati natal pour impacter ou impulser une vision sans fioriture du développement tous azimuts. Preuve qu'il a pris conscience de la place de l'Afrique sur l'échiquier mondial avec ses diasporas (émigrés et afro-descendants) comme autant de forces humaines, économiques, matérielles, mentales, spirituelles… au lien d’en faire un nid d’opposants à son pouvoir !

L'OPPOSITION, UN CONTRIBUTEUR

L'opposition, un contributeur

L'opposition à Togati est très écoutée par Kadayed qu'elle traite d'ailleurs autant que la presse privée critique. Il qualifie certains partis politiques de "mal nécessaire" quant à leur façon de le critiquer tout en constituant une force de propositions.

L'opposition togatienne constitue réellement un contre-pouvoir à celui de Kadayed. À plusieurs reprises, elle a permis d'éviter que la majorité au pouvoir ne mène par exemple une politique portant atteinte aux droits et libertés des individus, dans le cadre des expropriations de certains habitants pour le compte des grands travaux d'agrandissements des voies routières et ferroviaires.

Très présente à l'Assemblée nationale, il lui arrive aussi de mettre en cause la responsabilité gouvernementale par des motions de censure. On témoigne la claque reçue par le président Kadayed qui avait voulu dérouler le tapis rouge à une société étrangère pour prendre le contrôle du Port autonome de Lomnatsi.

L'opposition incarne également la possibilité d'une alternance politique en participant à l'existence du pluralisme politique. Ainsi, en proposant un nouveau son de cloche à la politique gouvernementale, permet-elle aux citoyens mécontents de disposer d'un recours. Ce qui fait comprendre à la majorité au pouvoir qu'elle pourrait perdre le fauteuil de commandement à tout moment si elle ne contentait plus les Togatiens. Une sorte d'épée de Damoclès sur leur tête qui les pousse à travailler davantage car plus que jamais, leur place est convoitée par une opposition qui se prépare ainsi à assumer des fonctions importantes si l'occasion lui est donnée par une victoire populaire.

Fait quand même rare, quand parfois des partis politiques appellent à manifester contre certaines de ses décisions, il n'hésitait pas à leur proposer des services d'encadrements spéciaux composés de forces de l'ordre et des forces spéciales du maintien d'ordre.

Kadayed n'a jamais empêché ou fait arrêter un de ses opposants. Au contraire, il les invite toujours à débattre publiquement sur les médias de certains aspects importants de ses réformes. Comme à l'accoutumée, il a toujours gagné. Ce qui le rend très populaire auprès de ses administrés qui voient un lui, un homme intègre, rigoureux, pragmatique et soucieux du bien-être commun.

Malgré sa bonne volonté de développer son pays et d'être garant du bien-être de ses concitoyens, Kadayed est considéré par ses détracteurs comme un “dictateur”. Voici ce qu'il a répondu à cette attaque : “Si le fait d'apporter le bien-être à mes concitoyens fait de moi un démocrate, alors je suis démocrate. Mais, si le fait de refuser ou de punir le désordre dans notre pays fait de moi un dictateur, alors je suis aussi dictateur. Mais je me réjouis de n'avoir versé le sang d'un quelconque Togatien en plus de 7 ans de règne. Mon mandat unique de 10 ans prend fin dans 3 ans. Je suis peut-être le seul qui assume d'être Démocrate Dictateur en fonction dans le monde… (Rires)”.

Au vu de sa réponse, on pourrait se demander si la démocratie est gage de développement ou de bien-être social ?

Des pays où il y a autant de lois que d'habitants comme les pays occidentaux sont-ils aussi démocratiques que la Chine ou la Corée du Nord ? À quel moment devient-on démocrate ou dictateur ?

Autant de questions sans réponses pour l'heure.

Ce qui est sûr, Kadayed a réussi son pari : développer son pays dans la fermeté, la rigueur en ayant à cœur l'épanouissement du peuple.

LES CONTESTATIONS ANTI KADAYED

Les contestations anti kadayed

À l'instar de certains dirigeants africains éclairés de la période postindépendance, de la trempe des Patrice Lumumba, Thomas Sankara, Houphouët Boigny, J.J. Rawlings, Mouammar Kadhafi, Teodoro Obiang Nguema Mbasogo, ou de ces leaders d'après les années quatre-vingt-dix, tels Paul Kagamé, John Magufuli… la gouvernance de Kadayed a autant fait des heureux que des mécontents.

Certains lui ont reproché son caractère un peu tranché sur des choses sur lesquelles il croit avoir raison et dont il a flairé le côté positif à moyen et long terme. Dans ces genres de situation, il a toujours préféré foncer tête baissée, disant qu'il préférerait avoir tort en posant des actes que d'avoir raison en étant léthargique.

On se rappelle encore la façon dont il avait fait évacuer des populations aux abords des principales artères de la capitale pour les reloger pratiquement dans une banlieue à plus de 5 km. Il a justifié cet acte en faisant comprendre aux uns et aux autres que c'est dans l'intérêt de tout le monde si les principaux axes routiers sont faciles d'accès et respectent le minimum en matière de sécurité routière. Les propriétaires terriens et d'immeubles l'ont mal vécu. D'aucuns sont allés jusqu'à décrier la méthode de gouvernance de Kadayed, lui préférant celle du vieux Etigna. Cette comparaison est-elle justifiée ou non, il n'en demeure pas moins vrai que tout n'était pas rose sous le régime Kadayed. Autant il fait l'unanimité sur certains sujets, autant il est parfois la cible des critiques au vitriol s'agissant de certaines de ses décisions. Et il s'en accommode. Pour cause, quand il essuie des critiques, même de son propre camp, il a l'habitude de répondre que « L'Histoire en jugera ».

Comme un devin, il a tout de même eu raison des années plus tard, après l'exécution de certains de ses projets ou décisions qui avaient été sujets à polémiques. On pourrait citer comme exemple parmi tant d'autres, le déplacement d'une partie du Grand Marché de la capitale Lomnatsi vers la banlieue nord-est, sur un site plus grand, moderne et accessible.

Le Grand Marché de la capitale devenait de plus en plus petit pour absorber autant de commerces que souhaitable, de même que de visiteurs nationaux et internationaux. Juste à l'idée de le déplacer, ou juste de le fermer un temps pour travaux, relèverait d'une folie. C'était un point stratégique séculaire qui a vu prospérer de grandes commerçantes et commerçants. Donc proposer de déplacer ce marché sur un autre site n'avait jamais traversé la cervelle d'aucun dirigeant togatien, sauf bien sûr Kadayed.

Il a toujours vu les choses en grand et pour faire accepter ses idées, il a d'abord essayé de consulter les commerçants et une partie de la population à ce sujet. Que nenni ! Tous ou presque, lui ont opposé une fin de non-recevoir. Ce qui ne l'a pourtant pas découragé.

Sur le nouveau site dévolu au nouveau marché d'une superficie de plus de 300 ha, Kadayed a fait construire un grand marché aux allures d'un gigantesque centre commercial, l'un des plus grands, sinon le plus grand d'Afrique, avec des installations modernes et des voies d'accès hors norme. Juste après cela, il a organisé une rencontre avec les responsables des différents syndicats de commerçants du Grand Marché pour leur faire part de son désir de les déplacer sur le nouveau site avec des bus mis à leur disposition pour alléger les souffrances des uns des autres du point de vue transport. Malgré toutes ses tentatives de les amener à la raison et quitter l'ancien site pour le nouveau, des arguments bizarres ont fait surface. Il y en a qui sont allés jusqu'à avouer que pour des raisons spirituelles, ils ne pourraient pas quitter l'ancien site d'autant que leurs "talismans" qui leur servaient de "boost marketing" leur feraient défaut sur le nouveau site. Après un ultimatum de six mois assorti de plusieurs mesures d'accompagnements tels que le loyer réduit de ¾ pour cinq ans pour tous les propriétaires et locataires de magasins de l'ancien site, le déménagement gratuit offert par l'État par le biais d'un service technique de l'armée entre autres, les lignes n'avaient pas bougé chez la plupart des commerçants du grand marché. Et cela, même trois mois après la fin de l'ultimatum.

C'est donc suite à ce refus de certains commerçants à respecter les mesures édictées par le gouvernement de Kadayed que ce dernier a décidé d'utiliser la force pour se faire respecter.

Il a tout d'abord fait encercler l'ancien marché nuitamment par les forces de l'ordre déployées par milliers. Les manifestations contre ses mesures qui s'organisaient aux abords du site étaient anéanties dans leur embryon. Toutefois, des commerçants récalcitrants qui revenaient à de meilleurs sentiments étaient accompagnés et aidés gratuitement à déménager sur le nouveau site. C'est ainsi que petit à petit, tous les commerçants ont pu déménager sur le nouveau site où ils font prospérer leurs commerces. Et chose curieuse, il y a encore des centaines d'espaces et de magasins non occupés jusqu'à ce jour.

Par ailleurs, des commerçants qui hésitaient à se déplacer sur le nouveau site se sont dits très satisfaits pour la plupart, par rapport aux magasins modernes avec installations de dernières générations dont ils sont bénéficiaires.

Comme Blaise Pascal, la philosophie de Kadayed pourrait se résumer ainsi : « La force sans la justice est tyrannique. La justice sans force est contredite… Il faut donc mettre ensemble la justice et la force, et pour cela, faire que ce qui est juste soit fort ou que ce qui est fort soit juste ». Des mesures ou décisions, comme celle évoquée précédemment, qui ont semblé impopulaires au tout début mais qui à postériori ont été appréciées de la majorité, voilà comment Kadayed a su tirer son épingle du jeu pour ce qui concerne sa méthode de gouvernance basée sur la conciliation rationnelle entre la force et la justice.

LA RÉCONCILIATION

La réconciliation

À Togati, les fautes commises par le régime d'avant l'ère de Kadayed sont nombreuses. Il arrive même que certains observateurs les qualifient de "crime de masse" ou d'exactions. Autant ces crimes ou exactions étaient importants, autant l'étaient les plaies béantes provoquées. Et les ressentiments pourraient faire place à la moindre occasion aux représailles ou à la vengeance. C'est d'ailleurs l'une des raisons pour lesquelles le régime du vieux Etigna a perduré.

En effet, soutenu par une partie de l'armée clanique qu'il avait mise en place et une élite corrompue jusqu'au fonctionnaire subalterne, Etigna a installé un empire de la mafia dont il était le gourou. Tout est fait pour sauvegarder son pouvoir, par tous les moyens, rien d'autre ne l'intéressait, à part se faire passer pour le plus "démocratique" des chefs d'États despotes du continent africain. Et il y arrive sans peine aucune, du moment qu'il contente, tant bien que mal, quelques puissances occidentales, la France en premier. Cette "douce France" qui se fait passer allègrement pour le chantre de la démocratie et des Droits de l'Homme mais qui au contraire, ne se prive pas de s'acoquiner avec des présidents décriés ou contestés en Afrique et de par le monde.

Voilà comment bon gré, mal gré, la France a été l'une des béquilles du régime d'Etigna qui en a profité pour sauvegarder des intérêts français tout en bradant par la même occasion les richesses de son pays et l'avenir de la jeunesse togatienne.

À la chute du vieux Etigna, les militaires putschistes ont tenu compte du climat délétère qui prévalait. Les violences à Togati ont été plurielles. D'ordre social, politique et économique, elles ont négativement impacté la perception des uns et des autres selon qu'on appartienne à une ethnie ou à un courant politique. Comment arriver à faire cohabiter des gens qui se sont longtemps détestés au point de s'étiqueter "ennemis" à abattre ou "traîtres" à punir ? C'était d'ailleurs l'un des enjeux majeurs de la mission des putschistes après avoir renversé le régime du vieux Etigna. D'où la mission de Réconciliation qu'ils ont lancée.

Un processus qui n'a pas été de tout repos car ayant nécessité des mots et des actions pour apaiser des cœurs meurtris, panser des plaies et soigner des maux. D'un côté comme de l'autre, il y avait des gentils autant que des brutes. Toutes les occasions étaient belles pour souffler sur la braise et exacerber les tensions. Peu à peu, la confiance mutuelle avait fait place à la méfiance. Puis à la défiance. Et enfin la déchéance a eu raison du tissu social. La dégradation du tissu social était si tentaculaire qu'au fil des ans, avec ou sans les mouvements d'humeur d'une partie de la population à la suite de "mesurettes" impopulaires, le silence était assourdissant.

Étymologiquement, la réconciliation est « l'Action de réconcilier des adversaires, des gens fâchés entre eux ». Chez les religieux catholiques, c'est « une cérémonie solennelle par laquelle un pécheur public est pardonné et réadmis à la communion par l'Église ». Qui dit réconciliation, dit donc faute, ensuite pardon et enfin le vivre ensemble.

Pour ce faire, les militaires avaient installé dans tous les cantons des mini-tribunaux qui étaient avant tout des centres d'écoutes et d'accompagnements psychologiques des victimes des différents événements malheureux qui ont émaillé la vie sociopolitique du pays avant, pendant et après le règne du Vieux Etigna. Ils étaient sous la bannière de la Ligue nationale de la réconciliation. Cette dernière s'est un peu inspirée du modèle de tribunal "Vérité-Justice-Réconciliation" de l'Afrique du Sud post-Apartheid qui avait été piloté de main de maître par l'archevêque Desmond Tutu.

« Examiner le douloureux passé, le reconnaître et le comprendre et, surtout, le transcender est globalement la meilleure façon de garantir que de tels faits ne se reproduisent plus, et ne puissent jamais se reproduire », dira le prélat en introduction de l'avant-propos du manuel, "La réconciliation après un conflit violent", publié par International IDEA (International institute for democracy and electoral assistance) en 2003.

La première phase d'actions de la Ligue nationale de la réconciliation a été celle d'écoute des présumées victimes, à la suite de laquelle des rapports conjoints d'activités avaient été élaborés et remis au président de cette dernière qui n'était autre que le grand Imam de la ville de Dokosé au centre du pays. Celui-ci a par la suite organisé des séances de confrontations entre présumées victimes et présumés bourreaux. La dernière phase a consisté à établir les responsabilités des uns et des autres et prendre des décisions qui s'imposaient, selon qu'on est relaxé ou condamné.

Afin de ne pas exacerber les tensions ethniques et politiques qui couvaient du fait des frustrations accumulées pendant le règne plus que cinquantenaire du vieux Etigna, les putschistes ont réussi à baliser le terrain de la réconciliation en écartant de la gestion de la transition la plupart des protagonistes de la vie sociopolitique du Togati, de la période des indépendances jusqu'aux dernières élections locales d'avant leur prise de pouvoir. Cela a permis de dépassionner le débat et d'emmener les populations à réfléchir sur les programmes de gouvernance des différents nouveaux acteurs politiques mais non plus sur leur appartenance ethnique, clanique ou régionale.

De son côté, Kadayed a su saisir au rebond la balle de la réconciliation lancée par les militaires putschistes en maintenant en place la Ligue nationale de la réconciliation. Mieux, il lui a donné plus de moyens et a élargi ses prérogatives, afin qu'elle puisse œuvrer à la consolidation et au maintien de la paix sociale, gage de tout développement.

Parallèlement, les actions du président Kadayed en faveur de la Justice Sociale pour tous ont été également un élément fondateur dans l'apaisement des cœurs. D'autant qu'il a reconnu que le chemin vers la réconciliation est pratiquement un marathon qui se gagne dans l'endurance et la persévérance.

Il a fait de sorte que ses actions au quotidien tendent vers l'épanouissement du plus grand nombre. Cela a limité les contestations contre son régime et accéléré le processus de réconciliation nationale.

LE DÉVELOPPEMENT SOCIO-ÉCONOMIQUE : AVEC OU SANS «DICTATURE»

Le développement socio-économique : avec ou sans dictature

Ce serait quand même prétentieux de notre part de faire passer Kadayed pour un “saint”. Comme toute personne, il a ses qualités, ses défauts et ses travers. La description sommaire ici faite de ses actions gouvernementales pour le compte de son pays, le Togati, pourrait être qualifiée par certains de partielle ou de parcellaire, à la limite partiale, sans que grief ne leur soit retenu. Kadayed ne pourra pas faire l’unanimité. Cependant, il a fallu être raisonnable de s’appesantir sur ce qu’il fait de bien et de bénéfique pour le développement de son pays.

Ce développement est avant tout socio-économique et désigne les évolutions positives dans les changements structurels d’un pays. À Togati, cela a été visible sur les plans démographique, social, sanitaire, culturel, industriel… De tels changements ont impacté l’enrichissement de la population et l’amélioration des conditions de vie de chacun. C’est la raison pour laquelle le développement économique doit être associé au progrès social.

Malgré leur niveau de vie modeste, les Togatiens dans leur majorité disent avoir une bonne qualité de vie. C’est grâce à, Kadayed a su créer un large sentiment de bien-être autour des conditions de vie et de travail de la population : la santé, l’éducation, les activités individuelles au quotidien, la participation à la vie de la cité, les rapports sociaux… le tout, enrobé par une sécurité économique et physique. Voilà comment est ressenti le progrès social dans cette zone de l’Afrique aux coffins du centre et de l’occident.

Rares sont et peu ont été ces dirigeants africains à avoir pensé, mûri et implémenter un mode de gouvernance différent de celui occidental ou asiatique.

Aujourd'hui, à l'heure des grands médias, la notion de "démocratie" a reçu un coup de galvaudage. Dans des pays occidentaux, par exemple, on a vu des individus sortis de nulle part, ou des célébrités, sans background alléchant, portés par des médias et des instituts de sondages, devenir du jour au lendemain président de la République.

Dans un cas comme dans l'autre, c'est le fameux "peuple" qui a été berné. Sans qu'il ne soit consulté, on lui propose un concept de gouvernance : la démocratie. De ce concept, on établit des règles auxquelles il est soumis. Et après, on vient vers lui par un jeu de dupe électoral, solliciter son suffrage pour "entériner" la forfaiture. Est-ce une "arnaque intellectuelle", nous ne saurions le dire.

Néanmoins, la nouvelle vision de Kadayed sur la gouvernance en Afrique développée dans cet ouvrage, pourrait inspirer plus d'un décideurs africains à des degrés divers. À chacun de savoir quoi y ajouter, quoi en soustraire. L'essentiel serait de procurer à la majorité de ses administrés… le Bien-être.

Le débat reste donc ouvert !

Dédicaces

Mes premières pensées et mes premiers remerciements vont tout d'abord :

À Dieu Tout-Puissant…

À l'Univers !

À Yeiazel !

À Marie, mère du Rédempteur !

À ma mère qui de là-haut, veille sur mes frères, sœurs et moi ! Merci pour tout Maman !

À mon père, pour m'avoir transmis les gènes de la lecture et de l'écriture ;

À ma femme, pour sa patience, son courage et son soutien inconditionnel ;

À M. Aboudou Touré Chea kA pour sa disponibilité, sa capacité d'écoutes et ses conseils…

De Nyamassila à Pallakoko, d'Anié à Atakpamé, de Gléï à Datcha, de Tabligbo à Sokodé, de Badou à Mango, de Lomé à Cotonou, de Dassa à Accra, de Nairobi à Kigali, de Guangzhou à Shenzhen, de Fochan à New York, de New Jersey à Lisbonne… Grand Merci à Tous ceux et à Toutes celles que j'ai eu l'insigne honneur de croiser, ne serait-ce qu'une fois dans ma vie, et qui de près ou de loin ont contribué tant soit peu à l'écriture de cet ouvrage.

Que de bénédictions divines et de nos ancêtres sur chacun, Amen !

Table des matières